KB172809

# 미용실에서 읽는
# 철학책

하루 열 줄 이상 글을 쓰다 보면 삶은 예술이 된다

# 미용실에서 읽는 철학책

김재훈 지음

나의 하루 일과 중 가장 작은 일은 무엇일까?
이 질문에 대답하기 위해서는 나의 생각을 나에게로 돌려야 한다.

도서출판 형설의 공

“

꽃은 남쪽부터 피고
단풍은 북쪽부터 물든다

”

## 목차

# 우리 주위에 평등한 것들

차별의 시대에 우리 주위에 평등한 것들은 무엇이 있을까? 생각나는 대로 적어 본다. 사람들의 타고난 잠재 능력은 평등하다. 우리는 가지고 태어난 잠재 능력의 절반도 사용하지 못하고 죽는다. 아인슈타인도 자신의 능력 중에 1/3만 사용하고 죽는다고 말하고 죽었다. 하물며 일반인들이야 자신이 가지고 태어난 능력의 몇 퍼센트나 사용하고 죽을까? 생각만 해도 아쉬울 따름이다. 신께서는 우리 누구에게나 평생 동안 사용하고도 남을 잠재 능력을 주셨다. 그래서 우리는 평등하다.

두 번째로 우리에게 평등한 건 햇빛이다. 완벽하게 평등한 건 아닐지라도(극지방에 사는 사람들은 햇빛량이 적다) 적어도 우리는 누구나 햇빛을 평등하게 쬐일 수 있다. 햇빛은 우리를 건강하게 만든다. 비타민을 만든다느니 우울증으로부터 해방시켜 준다느니 하는 과학 이론을 들이대지 않아도 햇빛은 우리 모두에게 이로운 것이다. 건강하고 싶다면 햇볕을 많이 쬐어 주면 된다.

세 번째 평등은 독서다. 책은 누구에게나 평등하다. 누구나 마음만 먹으면 얼마든지 책을 가까이할 수 있는 시대가 되었다. 옛날에는 소수 귀족만이 책을 읽을 수 있었다. 그래서 일은 노예가 하고 독서는 귀족만의 특권이었다. 지금은 누구나 독서를 할 수 있는 시대이다. 그러나 아이러니한 것은 우리에게 특권을 주었음에도 우리는 그것을 잘 누리지 못한다. 옛날에는 못 배운 한이라는 말도 있었다. 그만큼 책을 가까이 하기가 어려운 시절이었다. 그러나 오늘날엔 책을 얼마든지 가까이할 수 있는 평등의 시대이다.

네 번째는 맑은 공기이다. 물론 열악한 환경 속에서 일하는 노동자들도 많지만, 우리는 마음만 먹으면 맑은 공기를 마음껏 들이마실 수 있다. 공기 중에 들어 있는 산소는 우리 몸에 절대적으로 필요한 것임에도 우리는 그것을 소홀히 한다. 산소를 마음껏 들이마실 수 있는 평등, 신이 우리에게 준 선물[1)]이다.

다섯 번째는 글쓰기다. 글은 쓰다 보면 누구나 잘 쓸 수 있다. 기교가 따로 있는 것이 아니다. 오늘부터 무조건 열 줄 이상 글을 쓰다 보면 당신은 어느새 작가가 되어 있을 것이다. 그러나 시는 다르다. 시는 천재성이 있어야 쓸 수 있다. "연탄재 함부로 발로 차지 마라. 너는 언제 누구에게 뜨거운 사람이었느냐." 이런 시는 아무나 쓸 수 있는 게 아니다. 그러나 글쓰기는 다르다. 누구나 엉덩이를 붙이고 꾸준히 쓰다 보면 글쓰기는 는다. 그래서 평등하다.

여섯 번째 인터넷은 평등하다. 한마디로 정보는 누구에게나 평등하

---

다는 것이다. 물론 최고급 정보는 평등하지 않지만, 우리가 세상을 살아가면서 필요한 지식들은 인터넷에 널려 있다. 당장 궁금한 게 있으면 네이버나 구글을 검색하면 다 나온다. 옆 사람에게 물을 필요가 없는 세상이다. 유튜브를 검색하면 더 자세한 과정으로 하나하나 설명해준다. 그야말로 카피레프트 세상이다.

이 글을 쓰다 보니 한 가지 깨달은 게 있다. 평등과 불평등을 생각하면서 글을 쓰다 보니 의식주 빼고 우리는 다 평등한 것이다. 입는 옷, 먹는 음식, 사는 집은 우리를 불평등하게 만든다. 그러나 좋은 공기를 마시며 따스한 햇볕을 쬐고 도서관에 가서 책을 읽고 책을 읽다가 좋은 생각이 나면 글을 쓰고, 글을 쓰다가 궁금한 게 있으면 인터넷을 검색하는 일은 누구에게나 평등하게 보장되어 있는 것이다. 그런데 우리는 자꾸 불평등한 쪽만을 쳐다보며 산다. 자기에게 주어진 특권은 바라보지 못하고 남의 것만을 쳐다보며 부러워한다. 그러고 보니 신이 인간에게 준 시기심과 질투 또한 평등한 것이다.

# 뇌의 배신

몰입이라는 개념이 있다. 우리는 어떤 과제가 어려울 때 심호흡을 하고 그 과제를 해결하려고 노력한다. 자신의 능력을 최대한으로 끌어올려 그 과제를 해결할 때 몰입이 일어난다. 그런데 이 몰입과 분주함은 다르다. 매사에 정신이 없는 사람이 있다. 뭔가 수첩이나 핸드폰에 잔뜩 적어 놓고 엄청 많은 일을 바쁘게 처리한다. 숨을 헐떡이면서. 이런 사람의 뇌는 10%밖에 사용하지 않는 것으로 나타났다. 앤드류 스마트의 『뇌의 배신』이라는 책을 보면 우리의 뇌는 빈둥거릴 때 창의성이 발휘된다고 쓰여 있다. 소위 멍 때릴 때 우리 뇌 속의 수많은 정보들이 활성화되면서, 교집합을 하면서 번쩍하는 창의적인 생각이 떠오른다는 것이다. 왕관의 무게를 재야 한다는 강박관념에 골몰하다가 도저히 생각이 안 나서 이제 좀 쉬었다가 할까 하고 아르키메데스가 따뜻한 목욕물에 몸을 담그고 멍을 때리다가 '유레카'를 외친 것이다. 자려고 누우면 이상하리만치 좋은 생각이 떠오른다. 그때 그 생각을 적어 놓고 자야 하는데 내일 아침에 다시 생각해야지 하고는 잠이 들어 버린다. 다음 날 아침에 생각하면 생각이 안 난다. 왜냐하면 이제 아침의 뇌는 바짝 긴장해서 10%밖에 돌아가지 않기 때문이다. 이렇듯 우리는 하루 종일 생활하면서 뇌의 빈 공간을 가져야 한다. 일을 쉬엄쉬엄해야 한다는 것이다. 그렇다고 설렁설렁하라는 이야기는 아니다. 그 빈 공간 속에서 옆도 보고 뒤도 둘러보아야 한다. 자연도 보고, 가족도 생각하고, 친구도 생각하고, 고전, 철학, 명상, 산책 등등을 하면 창의적인 생각이 떠오른다. 쉬엄쉬엄은 즐기면서 일하라는 것이다. 그래서 즐기는 자를 이길 수 없다는 것이다. 우리는 아이들에게 이런 습성을 길러 주어야 한다. 놀 줄 아는 아이가 나중에 커서 창의적인 사람이 된다고 한다. 그런데 우리는 한창 창의적이어야 할 초등학생들을 어떻게 키우고 있는지 반성해야 한다. 특히 한국의 엄마들은 아이가 태어나면 행여라도 남과의 경쟁에서 뒤처지진 않을까 염려하면서 이 학원 저 학원으로 아이를 빵빵이 시킨다. 이게 대한민국 교육의 민낯이다. 업자라는 수식어가 따라붙는 사교육 업자들이 이런 엄마들의 심리를 교묘하게 이용하여 아이들을 희생양으로 만든다. 이렇게 키워진 인재들이 영재고를 가고 과학고를 간다. 한국의 과학도들이 노벨상에 근접하지 못하는 이유 중 하나이다. 『마음의 작동법』이라는 책에도 나와 있듯이 사람의 창의성이 발현되는 것은 자발성에서 기인한다. 틀에 박힌 교육을 받아온 선행 빨로 채워진 인재들은 그 선행 빨의 기운이 다하면 멈춘다. 이혜정 교수가 쓴 『누가 서울대에서 A+를 받는가』라는 책에서 서울대 우수 인재들은 교수들이 하는 강의를 완벽히 받아 적어서 A+를 받는 것으로 밝혀졌다. 이런 인재들이 로스쿨을 진학하여 변호사가 되어 로펌에 취직하면 할 줄 아는 게 하나도 없다고 타박을 받는다. 로펌의 변호

사는 말 그대로 현장에 답이 있다는 융통성과 유연성이 요구되지만 교수의 토씨까지 받아 적으면서 공부한 로스쿨 인재들은 공주형이고 도련님형 인재였던 것이다. 우리 교육이 어떠한 방향을 지향해야 하는지 곰곰이 생각해 보아야 할 대목이다.

하루 열 줄 이상 글쓰기

## 세상은 부메랑

중국인들은 성공 가도를 달리고 있을 때는 유교도가 되고, 실패했을 때는 도교도가 된다는 말이 있습니다. 유교는 현실적이고 도교는 이상적이라는 말이죠. 그만큼 인생이라는 것이 쉽지 않다는 이야기죠. 또한 이 말 속에는 라떼 시절 이야기가 숨어 있습니다. 사람이 잘나갈 때는 그 끝이 없을 것으로 착각합니다. 그러다가 실패를 겪게 되면 나름 겸손해지면서 지난 시절 이야기를 하게 되는 법이죠. 우리네 인생은 죄다 이렇습니다. 끝도 없이 좋은 것은 없습니다. 평범한 사람들이 좋아하는 것들에는 모두 끝이 있습니다. 그럼 궁극적인 좋음을 가져다주는 것은 없을까요? 있습니다. 바로 진성미성입니다. '있을 때 잘해'라는 말처럼, '잘나갈 때 잘해'라는 말처럼 'Life is bounce'입니다. 이를 거꾸로 이야기하면 지금 비록 바닥을 기는 인생이지만 끝까지 노력하면 쨍하고 볕 들 날이 오는 법입니다. 중요한 건 그 지하실 밑 지하실을 지나갈 때 얼마나 버티며 이겨 내느냐에 달려 있습니다. 그때 버틴 힘으로 나머지 인생을 사는 법이죠. '가는 길이 지옥이라면 계속 걸어가라'고 처칠이 말했습니다. 사람은 누구나 지옥 같은 경험을 하면서 살 때도 있습니다. 그때 죽지 말고 계속 걸어가면 됩니다. 그러면 그 지옥 속에서도 한 줄기 희망이 보이는 법입니다. 『죽음의 수용소에서』를 쓴 빅터 프랭클은 독일군의 손가락 까딱 하나로 삶과 죽음을 넘나드는 아우슈비츠 수용소에서 살아남아 그걸 책으로 옮겨, 1억 부 이상 팔린 것은 물론 치유의 심리학 전도사가 되었습니다. 이렇게 신은 우리에게 시련으로 포장된 선물을 주십니다. 주위를 돌아보세요. 나만 힘든 게 아닙니다. 모두가 힘듭니다. 그러니 엄살 그만 부리고 하루하루 최선을 다해 달리세요.

## 동서양의 사랑 이야기

동서양의 사상가 치고 사랑을 이야기하지 않은 자가 없다. 사랑하면 예수가 생각난다. 박애다. 네 이웃을 네 몸과 같이 사랑하라고 하였다. 심지어는 원수까지 사랑하라고 한 예수다. 석가모니도 사랑을 설파하였다. 자비다. 이 세상 만물은 인과 연으로 맺어져 있으니 살아 있는 모든 존재에 자비를 베풀어야 한다고 말씀하셨다. 이 세상 만물은 인타라망처럼 서로 연결되어 있으니 옷깃만 스쳐도 인연인 것이다. 공자도 사랑을 강조하셨다. 바로 인(仁)이다. 오직 어진 사람만이 남을 좋아할 수도 있고 남을 미워할 수도 있다고 하였다. 좋아도 할 수 있고 미워도 할 수 있다는 말은 구별 또는 차별을 말한다. 그러나 이러한 차별을 싫어한 사람이 있었다. 바로 묵자다. 그래서 묵자는 차별 없이 사랑하라는 겸애를 주장한다. 그래야 나라끼리 차별을 안 하니 전쟁을 안 한다는 논리다. 다음은 장자의 사랑이다. 바닷새가 궁궐로 날아들었다. 이에 임금은 바닷새를 길조로 여겨 온갖 진수성찬을 벌이며 환대한다. 그러나 이는 바닷새가 먹는 음식들이 아니다. 바닷새가 사는 방식이 아니다. 그렇게 환대받던 바닷새는 일곱 번째 되던 날 죽고 말았다. 비극으로 막을 내린 장자의 사랑 이야기다. 모든 불행은 인간들의 자기중심적인 생각에서 비롯된다는 장자의 가르침이다. 마호메트도 살아 있는 모든 생명을 사랑하라고 가르쳤다. 하루는 마호메트가 곤히 낮잠을 자고 일어나려고 하는데 자기 도포 자락에 고양이가 다소곳이 잠들어 있는 것이 아닌가. 마호메트는 가위를 가져오라고 하여 자신의 도포 자락을 오려 내어 고양이의 단잠을 깨우지 않았다. 플라톤은 사랑을 우리 영혼이 이데아 세계로 가고픈 욕구라고 표현한다. 『사랑의 기술』을 쓴 에릭 프롬은 진정한 사랑은 자기 자신과 타인 그리고 가족 나아가 이 세계의 모든 것까지 사랑할 수 있어야 진정한 사랑이라고 하였다. 동학의 인내천 사상도 사랑이다. 사람이 곧 하늘이라는 인간존중 사상이다. 우리는 모두가 하늘처럼 소중하고 평등한 존재이므로 한울님께서는 모두를 평등하게 사랑한다는 가르침이 동학이다. 우리네 인생에서 꼭 필요한 것 중 하나가 사랑이다. 큰딸이 초등학교 때 서예 학원을 다니면서 쓴 글이 액자에 써져 있다.

"구름은 바람 없이 못 가고 인생은 사랑[2] 없이 못 간다."

하루 열 줄 이상 글쓰기

## 팜 파탈 루살로메

팜므파탈로 읽기도 한다. 팜이 프랑스어로 여성이란 뜻이고 파탈이 치명적이란 뜻이다. 한마디로 치명적인 여인이라는 뜻인데, 나쁜 의미로는 남편을 박살내는 여인을 말한다. 남편보다는 여러 남자를 유혹하

는 신비함을 가진 여인을 팜 파탈이라고 한다. 루 살로메가 팜 파탈이었다. 루 살로메는 니체의 연인이었다. 연인이라기보다는 니체가 짝사랑했다. 알프스 여행 중이던 니체의 첫눈에 들어온 여인이 루이다. 니체는 루에게 적극적으로 구애를 했지만 루는 거들떠보지도 않았다. 니체는 구애 자살 소동까지 벌이기도 했다. 그런데 그 시기 니체의 친구도 루를 아주 좋아했다. 물론 루는 니체 친구의 청혼도 거절했다. 그런데 셋은 함께 동거를 하기도 했다. 이상한 동거다. 아무튼 그렇게 셋이 동거를 하다가 루는 다른 남자와 결혼을 해버렸다. 이 사실을 안 니체의 친구는 권총으로 자살했다. 한 명의 남자를 저승으로 보내 버린 루. 그런데 첫 번째로 결혼한 남자와도 오래 살지 못하고 이혼해 버렸다. 역시 그 남자도 자살했다. 그렇게 염문을 뿌리던 루는 당대 최고의 심리학자 프로이트와도 인연을 맺었다. 그 당시 남자들 특히 지식인들은 루에게 적극적으로 구애를 했는데 그 이유 중 하나가 루를 만나다 보면 책 한 권이 저절로 써진다는 것이었다. 그만큼 루는 치명적인 지적 매력의 소유자였던 것 같다. 프로이트와 결별한 루 앞에 나타난 사람이 독일의 젊은 시인 릴케였다. 릴케 시에 나타난 절망적인 사랑의 감정은 모두 루를 향한 것이었다. 루와 뜨거운 사랑을 나누며 시를 쓰던 릴케는 장미 가시에 찔려 죽었다. 루를 거쳐 간 모든 남자들은 모두 치명적인 결말을 맞았다. 니체도 인생 막판엔 정신병자로 살았다.

# 절세가인 왕소군

한 명문가의 딸이 있었다. 고전에도 조예가 깊었고 비파연주도 잘했으며 거문고, 서예, 바둑, 그림에도 능했다. 바로 서한 황실의 딸 왕소군이었다. 그러던 어느 날 한나라 황제가 명문가의 여자들을 황궁으로 불러들였다. 왕소군도 황제의 칙령을 거부할 수 없었다. 빼어난 미모와 재주를 지닌 왕소군이었지만 업자들의 농간에 황제에게 선택받지 못했다. 왜냐하면 당시 관례에 따라 초상화로 후궁을 선택했는데 화공들이 뇌물 없이는 초상화를 제대로 그려 주지 않았던 것이다. 성품이 곧은 왕소군은 뇌물을 바칠 리 없었고 결국 왕소군은 후궁으로 선택되지 못하고 시녀로 살아간다. 그 당시 한나라는 항상 북방의 흉노족과 긴장 관계를 유지하고 있었다. 때로는 전쟁도 하고 때로는 우호적 관계를 유지하기도 했지만 한나라 입장에서 흉노는 항상 불안한 존재였다. 어느 날 흉노족의 수장이 한나라 황제를 알현하고 한나라 공주를 아내로 맞이하여 부마국이 될 것을 원했다. 그러나 한나라 황제는 자기 딸 공주를 흉노족에 내어 줄 수는 없는 법이었다. 이때 황제에게 묘안이 떠올랐다. 옛날에 선조들이 친척 황실의 딸을 공주로 삼아 평화협정을 맺은 사례를 떠올려 왕소군에게 공주라는 칭호를 내리고 흉노족 수장에게 넘기려고 한 것이다. 떠나기 전 마지막으로 황제를 알현하는 왕소군! 황제는 자기 눈을 의심했다. 아! 이게 어찌 된 일인가? 이런 절세가인이 궁에 있었다니! 황제 자신은 왕소군의 존재조차도 모르고 있었던 것이었다. 아뿔사! 그러나 이미 엎질러진 물이었다. 흉노족 수장은 완전 신이 났다. 저런 절세가인을 아내로 맞이하다니.

"한(漢)나라에 뜬 달은 동해에서 다시 떠오르지만
북쪽으로 출가한 빛나는 비(妃)는 돌아오지 못한다네"

이태백이 왕소군을 생각하며 쓴 시다. 왕소군이 흉노족의 왕비가 된 이후 60년간 한나라와 흉노족 간에는 평화 시대가 도래하였다. 흉노족의 왕비가 된 왕소군이 얼마나 백성들의 추앙을 받았는지 짐작이 간다.

## 해리어트 테일러 부인

누구일까? 더군다나 이름 뒤에 부인이라는 호칭이 좀 낯설다. 『자유론』의 집필자 존 스튜어트 밀의 아내이자 동반자이다. 밀은 어린 시절부터 아버지로부터 영재교육을 받았다. 일곱 살에 라틴어를 떼고 열일곱 살쯤 되었을 때 생각의 깊이가 학자들과 견줄 만큼 성숙해져 있었다. 그렇게 공부에 매진하던 밀도 건강을 해쳐 신경쇠약에 걸리기도 했다. 사람들은 이것을 '학자병'이라고 한다. 그렇게 세월이 흘러 밀이 24살 되던 해에 어느 파티 석상에서 밀에게 운명적인 여인이 나타났다. 바로 해리어트 테일러! 그러나 그녀는 친구의 부인이었다. 둘은 서로 간에 먼저 알아보았다. 서로 마음이 통한다는 사실을. 그러나 이미 친구의 부인인 걸 어쩌랴! 해리어트도 남편이 있는 몸인 걸 어쩌랴! 그런데 이 둘의 마음을 눈치챈 밀의 친구는 재미있는 결정을 내린다. 둘이 얼마든지 만나라고. 하~. 아무튼 그렇게 둘이 만나면서 10년이 흐른 어느 날 운명과도 같이 해리어트 남편이 죽었다. 불행 중 다행인지 밀과 해리어트는 이때부터 함께 살면서 서로 간에 동반자 역할을 한다. 밀이 쓴 많은 저작들은 해리어트 테일러 부인과의 토론의 결과물이다. 『자유론』도 마찬가지다. 밀의 『자유론』에 보면 맨 첫 장에 밀이 해리어트 테일러 아내에게 보낸 감사의 글이 적혀 있다. 『자유론』이 세상에 나올 때쯤 테일러는 지병이 악화되어 저세상으로 갔다. 테일러의 죽음을 안타깝게 여기며 더 이상 그 누구와도 토론할 사람이 없어져 『자유론』을 세상으로 내보낸다는 밀의 절절함이 그 감사의 글에 적혀 있다.

# 자유론의 위대함

존 스튜어트 밀이 쓴『자유론』을 칭찬하려는 것이 아니다. 우리는 살다 보면 기본조차 안 지키는 일이 너무나 허다하다. 자유[3)]란 무엇인가? 남에게 피해를 주지 않는다면 자유를 준다는 것이다. 이것은 인간의 본질과 밀접한 관련이 있다. 인간은 원래 자유로웠다. 구석기시대부터. 그런데 언제부턴가 자유를 속박하는 각종 구속들이 생겨났다. 무제한의 자유는 방종이다. 방종은 남에게 피해를 준다. 그래서『자유론』에서는 적어도 남에게 피해를 주지 않는다면 최대한 그 개인의 자유를 존중해 주어야 한다고 역설한다. 그 이유는 무엇일까? 그래야 사회가 발전하기 때문이다. 사람의 입을 틀어막으면 사회는 정체된다. 정체된 사회는 언젠가는 망한다. 사람도 마찬가지이다. 정체된 사람은 후퇴만이 있을 뿐이다. 그만큼 우리 모두에게 자유를 주는 것이 진짜 중요한 것이라고 밀은 주장한다. 그 자유가 개성이다. 개성이 충만한 사회가 발전한다. 이는 생태계랑 비슷하다. 생태계가 어떤 조종에 의

해서 획일적으로 운영된다면 언젠간 소멸된다. 그냥 자유롭게 두어야 서로 비비고 지지고 볶으면서 진보하는 것이다. 존 스튜어트 밀이 말한 자유의 의미를 되새길 필요가 있다.

하루 열 줄 이상 글쓰기

## 자유론의 위대함 II

존 스튜어트 밀의 『자유론』에서 특히 강조한 부분이 토론이다. 우리 인간은 토론을 하다가 꼬리뼈가 없어진 동물이다. 그만큼 모든 일에 있어서 토론은 나라와 사회 조직과 개인을 발전시킨다. 어떤 의사결정을 함에 있어 구성원 간에 난상토론을 거쳐서 한다면 최종 결정된 것에 힘이 실릴 수 있다. 우리가 적극적으로 참여해서 내린 결론이므로 힘이 생기는 것이다. 이렇게 사회를 이끌어 나가는 원동력 중 하나가 바로 토론이다. 그래서 밀이 『자유론』에서 한 유명한 문장이 있다. "어떤 한 사람이 나머지 99명과 다른 의견이 있다고 해서 그 사람의 입을 봉쇄해서는 안 된다. 이것은 마치 어떤 독재자 한 사람이 나머지 99명의 입을 봉쇄하는 것과 같다." 한 사람의 독재자가 우리들의 입을 틀어막는다면 우리는 분개할 것이다. 그래서 밀은 그 반대의 경우도 마찬가지라고 하면서 최종 한 사람의 의견까지도 존중해야 한다는 것이다. 『자유론』에서 밀이 토론의 중요성을 강조하면서 역사상 토론 없이 한 최악의 결정을 로마시대 황제 아우렐리우스의 기독교 탄압 정책이라고 보았다. 존경받는 황제였지만 아우렐리우스는 기독교를 탄압할 것인가 말 것인가를 토론 없이 혼자 독단으로 결정하였고, 존 스튜어트 밀은 이것을 역사상 최악의 결정이었다고 평가했다.

하루 열 줄 이상 글쓰기

## 네 알겠습니다

무슨 일이든 일단 맡고 본다. 어떤 부탁이 들어왔을 때 우리는 스스로를 낮게 평가하면서 내가 과연 저걸 할 수 있을까 라고 생각한다. 그러나 이때 무조건 들어온 그 일을 맡으면 그때부터 나에게는 새로운 능력이 생겨난다. 강의 부탁이 들어왔을 때 무조건 "예 알겠습니다."라고 승낙을 해 놓고 그다음부터 준비해 나가면 된다. 누구나 처음부터 강의를 잘하는 사람은 없다. 강의를 일단 맡으면 당신은 걱정이 앞설 것이다. 그러나 걱정은 하면서도 하나씩 하나씩 준비해 나갈 것이다. 삶은 그렇게 사는 것이다. 그러한 과정이 삶이다. 주저 말고 나서야 한다.

그렇지 않다면 돗자리나 보러 다녀야 할 것이다. 도전하지 않는 삶은 가치 없는 삶이다. 나도 지금이야 강의를 여기저기 하러 다니는 강사지만 처음 강의 부탁을 받았을 때 엄청 걱정했었고, 실제로 첫 강의 때는 겨울철인데도 땀을 뻘뻘 흘렸던 기억이 있다. 강의 준비를 많이 했음에도 불구하고 강의가 잘 안 돼서 엄청 허둥댔다. 내 나름대로는 자료를 넉넉할 정도로 준비했는데 두 시간 강의에 한 시간 반 정도 하고 나니 할 게 없었다. 완전 패닉이었다. 그리고 강의를 하다 보면 청중에 꼭 저승사자가 앉아 있다. 강의를 뭐 저딴 식으로 하지? 라며 속으로 비웃는 저승사자가 있다. 그 순간부터 강의는 엉망진창이 된다. 그날도 한 저승사자를 보는 순간 땀이 삐질삐질 났다. 무슨 말을 했는지 기억도 안 난다. 그러나 몇 년 후 나는 그 연수원에서 최고의 등급을 받는 명강사가 되었다. 무슨 일이든 '예 알겠습니다' 하고 그 일을 맡으면 당신 삶이 달라질 것이다.

# 주연보다 중요한 조연

영화나 드라마가 살기 위해서는 주연도 중요하지만 조연[4]의 역할도 주연 못지않다. 감칠맛 나는 조연의 역할이 첨가될 때 영화도 드라마도 성공한다. 이는 마치 판소리나 힙합의 추임새와 비슷하다. 인생도 마찬가지이다. 내 인생의 주연도 중요하지만 주연이 힘들 때 이를 보완해 주는 조연이 진짜 중요하다. 그래야 우울증에 안 걸린다. 앞만 보고 달려가는 인생은 언젠가는 공허함과 맞닥뜨린다. 공허함에 다다르기 전에 조연의 역할이 필요하다. 내 인생의 조연은 무엇일까? 운동, 취미, 등산, 골프 등등 각자 조연을 가지고 산다. 그런데 여기엔 조건이 있다, 조연은 조연에 머물러야 한다는 사실이다. 조연이 너무 설쳐서 주연의 이미지를 넘어서는 순간 영화나 드라마는 망치기 십상이다. 우리 인생도 마찬가지이다. 조연이 필요하지만 이 조연 때문에 주연을 망치는 인생이 되지 말아야 한다. 그런데 이런 사람들이 정말 많다. 마라톤은 내 인생의 조연이지만 이것 때문에 직장 생활에 지장을 주면

안 된다. 골프가 내 인생의 조연이지만 이것 때문에 가정에 영향을 주면 안 된다. 테니스가 내 인생의 조연이지만 이것 때문에 가정생활을 망가뜨린다면 조연이 주연을 잡아먹는 꼴이다. 이런 경우는 너무나 많다. 주연만큼 중요한 조연이지만 조연은 어디까지나 조연의 역할에 머물러야 한다. 조연이 주연을 능가하는 순간 드라마도, 영화도, 인생도 망친다.

## 있을 때 잘해

유행가 가사에도 있다. 있을 때 잘해[5] 후회하지 말고~. 여기서 있을 때는 대부분 사람을 지칭하지만 꼭 그렇지만은 않다. 젊음, 사랑, 건강, 일상 등등 모두가 해당된다. 그렇다. 우리는 있을 때 그것의 소중함을 모른다. 젊은 날엔 젊음의 소중함을 모르고, 사랑할 때는 사랑의 소중함을 모르고 산다. 그러다 그 젊음이 시들해지거나, 사랑이 시들해지

면 그 소중했던 시절 나를 열광하게 했던 젊음과 사랑을 그리워한다. 그래서 우리는 있을 때 잘해야 한다. 그것이 인생의 법칙이다. 젊음, 사랑, 건강과 같은 거창한 것이 아닐지라도 그냥 내 주위를 감싸고 있는 모든 것에 항상 감사해야 한다. 단톡방에 보내오는 카톡 한 줄의 소중함을 알아야 한다. 별 내용도 없는 카톡을 왜 매일 보내지? 라고 생각하지 말고 그런 것 하나하나가 나를 외로움으로부터 벗어나게 해 준다고 생각해야 한다. 우리는 절절한 고독 속에서 살아가지는 않는다. 사람이 진짜 고독할 때는 사람이 그리워 미칠 지경이 된다. 대부분의 우리는 그런 절대적인 고독 속에서 살지는 않는다. 나를 감싸고 있는 모든 사람들 때문에 우리는 절대적인 고독 없이 살아간다. 그래서 우리를 감싸고 있는 모든 것에 대해 감사하며 살아가야 한다. 지치고 외로울 때 따뜻한 대화를 나눌 수 있는 가족이 있다는 것에 감사하며 살아야 한다. 있을 때 잘해야 하는 것은 인생의 진리다. 산다는 건[6] 다 그런 것이다.

# 세 손가락의 비밀

우리는 남 탓을 잘한다. 여기서 남은 우리 주위의 사람이라기보다는 제도나 체제 또는 지도층이다. 대통령을 비롯하여 국회의원, 장관 등 대한민국의 지도층을 까는 일에 우리는 거침이 없다. 그리고 우리는 정치, 경제, 교육, 국방 등등 제도 탓을 많이 한다. 그런데 이때 이렇게 다른 사람을 손가락질할 때 세 손가락은 자신을 향하고 있다. 여기에 삶의 진리가 있다. 세상을 탓하기 전에 자신 주위부터 정리하라. 내 삶 자체도 엉망인데 남 탓만 하며 세월 다 보낸다. 남 탓만 하면서 마치 자기는 대단한 사람인 것처럼 뻐긴다. 대통령을 욕하면 마치 자기도 그 반열에 오른 것처럼 착각한다. 모든 것의 출발은 수신(修身)이다. 자신을 먼저 돌아보아야 인생의 반석이 반듯하게 놓이는 것이다. 그런 다음 제가(齊家)이다. 가정의 평화를 돌보지 못하는 자가 어찌 세상의 평화를 논하겠는가? 오늘부터라도 당신을 향한 세 손가락을 겸허하게 수용하라. 나에게 잘못은 없는가 항상 생각하라. 하루에 세 번 하루에 세 가지씩 스스로 나를 평가해 보자.

# 엄마 차 타고 오면 무조건 불합격

어떤 고등학교에서는 선생님을 뽑을 때 최종 면접에서 지원자가 엄마 차를 타고 와서 내리면 무조건 불합격시켰다. 왜 그럴까? 적어도 선생님이라면 CEO다. 한 반에 들어가 그 시간을 이끌어 나아가야 할 선장이란 이야기다. 그 한 시간의 배는 거센 풍랑을 만날 수도 있고 거친 파도를 헤쳐 나가야 할 때도 수없이 많을 것이다. 이때 선장은 모든 문제를 오롯이 혼자 해결해야 한다. 그런데 그때마다 엄마를 찾는다면 어떻게 될까? 그래서 그 고등학교에서는 필기 시험을 아무리 잘 보았어도 최종 면접에서 엄마 차를 타고 오는 도련님형 인재나 공주님형 인재들은 곧바로 탈락시키는 것이다. 최근 임용 고시를 통과한 선생님들 중에 이런 도련님형 인재나 공주님형 인재들이 많다. 이런 선생님들의 문제는 아이들의 아픔을 어루만질 수 있는 공감 능력이 떨어진다는 것이다. 모든 것을 엄마가 다해 주어 어려움 없이 커 온 도련님, 공주님들은 아이들의 아픈 마음을 보듬어 줄 여백이 없다. 아이들의 아픔을 잘 이해하지 못한다. 교육에 있어 중요한 것은 가르치는 실력도 중요하지만 아이들의 아픔을 보듬어 주는 따뜻한 마음씨를 가진 선생님이다. 아이들은 생사가 달린 문제를 선생님은 그저 소 닭 보듯 한다.

# 주인으로 살 것인가 주인공으로 살 것인가?

주인으로 살 것인가? 주인공으로 살 것인가? 이 둘 간에는 약간의 뉘앙스 차이가 있다. 주인으로 사는 삶은 자기가 어떠한 환경에 처해 있든 간에 스스로 길을 개척하면서 사는 삶이다. 그러나 주인공으로 사는 삶은 주인으로 사는 삶보다는 좀 더 화려해 보일 수도 있지만 그 삶을 위해 주위에 누군가의 도움을 받아야 한다는 것이다. 귀한 아들딸을 주인으로 키울 것인가 주인공으로 키울 것인가를 생각해 보면 뉘앙스의 차이를 금방 알 수 있다. 그 아이를 자신 삶의 주인이 되도록 키우는 게 중요하다. 주인공으로 사는 것도 나쁘지는 않지만 그것은 부모의 뒷바라지를 먹고 자라는 삶일 것이다. 주인공으로 살다가 주변 환경이 안 도와주면 그 주인공은 패닉에 빠질 수도 있다. 마치 화려한 은막 스타들이 수많은 스텝들의 도움으로 그 화려함을 유지하는 것과 비슷하다. 그래서 우리는 주인으로 사는 삶이 중요한 것이다. 또한 어렸을 때부터 아이들을 그렇게 교육시켜야 한다. 본인 스스로 '나의 삶은 나의 것'이라는 생각을 깊숙이 심어 주는 것이 중요하다. 그래야 인생이라는 시련과 역경 속에서 올곧게 딛고 일어나 자신의 삶을 만들어 갈 수 있다.

# 신의 한 수

인생을 사는 데 신의 한 수는 무엇일까요? 다음 질문에 모두 '네'라고 답한다면 당신은 인생에 신의 한 수를 두고 있는 사람입니다.

남을 위해 기도합니까? 네
남의 이야기를 많이 들어줍니까? 네
일을 보람으로 여깁니까? 네
항상 웃는 낯을 하고 다닙니까? 네
고마웠던 일만 마음에 담아 둡니까? 네
남이 잘되는 것을 축복해 줍니까? 네
행동으로 보여 줍니까? 네
자신에겐 엄격하고 남에겐 관대합니까? 네
감사하는 마음으로 먹습니까? 네
얼굴만이 아니라 마음까지 화장합니까? 네
자신의 잘못을 곧바로 인정합니까? 네
가슴을 펴고 당당하게 걷습니까? 네
누구에게나 배우려고 합니까? 네

잘된 이유만을 찾습니까? 네

공과 사가 분명한 사람입니까? 네

아는 것을 행동으로 옮깁니까? 네

해야 할 일이 많음을 긍지로 여깁니까? 네

겸손과 양보가 몸에 배어 있습니까? 네

목소리가 힘차고 생기 있습니까? 네

남의 잘못을 잘 용납합니까? 네

좋아하는 사람이 많습니까? 네

자신의 잘못을 뉘우칩니까? 네

죽음은 삶의 연장이라고 태연히 받아들입니까? 네

차를 탈 수 있는데도 걷습니까? 네

입이 원하는 것이 아니라 몸이 원하는 음식을 먹고 있습니까? 네

좋은 의견을 내서 해 보자고 하고 있습니까? 네

배에 힘을 주고 있습니까? 네

할 일을 다하고 천명을 기다리고 있습니까? 네

# 245:255

245와 255를 더하면 500이다. 그런데 255 앞에 1을 붙이면 1255가 된다. 이 1255와 245를 더하면 1500이 된다. 갑자기 웬 숫자놀음인가? 웨이슈잉이 쓴『하버드 새벽 4시 반』이란 책을 보면 1500명의 실험군 이야기가 나온다. '당신은 이 학과를 왜 선택했습니까?'라는 질문에 245명은 '좋아서요' 라고 답했고, 나머지 1255명은 '돈을 벌기 위해서' 라고 답을 했다. 이 1500명을 10년 후 추적 관찰해 보니 어느 집단이 부자로 살아갈 것 같은가? 당연히 좋아서요 라고 답한 학생들이 부자로 살 것으로 추측된다. 그런데 결과는 더 충격적이다. 돈을 벌기 위해서라고 답한 1255명의 학생 중 10년 후 부자로 살아가는 사람은 딱 한 명에 불과했다. 확률로는 0.001%이다. 완전 넘사벽의 그 0.001%인 것이다. 반대로 좋아서요 라고 답한 245명 중에 부자로 살아가는 사람은 116명이나 되었다. 확률로는 47%이다. 인생을 살면서 우리는 수많은 선택을 한다. 그중에서 가장 중요한 선택 중 하나가 대학교 전공을 고르는 것이다. 자칫 우리가 실수하는 것 중 하나가 저 학과를 가면 취직이 잘 되니까 선택하는 경우가 많다는 것이다. 그러나 무조건 자신의 적성과 흥미를 고민하고 또 고민해서 학과나 전공을 선택해야 한다. 친구 따라 강남 가는 식으로, 또는 레밍쥐 현상처럼, 또는 요즘 사회 분위기 따라 학과를 선택하면 망한다. 그 선택의 중심에 반드시 내가 있어야 한다. 어떤 학과를 가든지 간에 중간에 지치고 힘들고 포기하고 싶을 때도 엄청 많다. 그 모진 비바람을 헤쳐 나갈 힘은 결국 나로부터 나오기 때문이다.

하루 열 줄 이상 글쓰기

## 포카라

포카라를 아십니까? 네팔 제2의 도시입니다. 히말라야를 등반하려면 일단 인천공항에서 네팔의 수도인 카트만두로 가서 비행기를 갈아타고 포카라로 가야 합니다. 지난 2022년 1월에 포카라로 가는 네팔 여객기가 추락하여 72명 전원이 사망한 사건이 있었습니다.[7] 제가 2017년 12월 히말라야를 다녀왔을 때 탔던 바로 그 비행기입니다. 이 비행기 한 대로 카트만두와 포카라를 왔다 갔다 하는 비행기입니다. 내가 탔던 그 비행기가 떨어졌다는 소식에 안타깝기도 하고 저는 운이 좋았

7) 사실 이 글은 이 비행기 추락 사건을 접하고 히말라야 갔던 기억을 떠올려 쓴 글입니다. 돌아가신 분들의 명복을 빕니다.

다고 생각했습니다. 우리는 해외여행을 많이 가지만 언제 비행기가 떨어져서 한꺼번에 죽을지 아무도 모릅니다. 그냥 하늘에 운명을 맡기고 세계를 일주할 뿐이지요. 다시 포카라 이야기로 돌아갈게요. 카트만두에서 포카라로 가는 이 비행기는 2차 대전 때 일본 군인들이 쓰던 비행기입니다. 완전 프로펠러식 비행기예요. 제트엔진이 아닌 거죠. 근데 저는 이 비행기를 타면서 완전 내 스타일이라고 좋아했던 기억이 있습니다. 그야말로 요즘 우리가 타는 비행기가 디지털식이라면 이 비행기는 아날로그식입니다. 엔진 소리가 엄청 커서 비행기가 이륙하면 스튜어디스가 솜을 나누어 줍니다. 소음 때문에 귀를 막으라는 용도입니다. 이륙 착륙도 거의 자갈밭에서 하는 수준입니다. 카트만두를 이륙하여 한 30분 비행 후 포카라에 착륙할 때는 조종사가 활주로를 잘못 맞추었는지 거의 착륙하려다가 다시 이륙하여 한 바퀴 돈 다음 다시 착륙하더군요. 완전 장난감 수준이었습니다. 그렇게 포카라에 도착하여 수하물을 받는데 무슨 외양간인지 알았어요. 조그마한 수하물 내려놓는 곳에 우리 짐이 하나둘 놓여 있더군요. 아무튼 그렇게 짐을 챙기고 우리는 사진을 연신 찍었습니다. 히말라야 꼭대기 산에 하얗게 눈이 보이는 배경을 벗 삼아 사진을 찍었습니다. 그리고는 작은 버스를 타고 약 2시간 정도 걸려서 어느 시골 마을로 갔습니다. 이제 여기서부터 히말라야 등반이 시작되는 것이었습니다. 그 마을 식당에서 요리사가 해 주는 점심을 먹은 후 우리는 걷기 시작했습니다. 우리가 들고 간 배낭은 포터들이 벌써 챙겨 들고 먼저 떠났습니다. 우리는 그냥 맨

몸으로 걷기만 하면 됐습니다. 우리 일행은 5명이었는데 여기에 포터가 5명 그리고 우리 밥을 해 주는 요리사가 3명 그리고 가이드 1명 이렇게 총 14명이 한 팀이었습니다. 마을을 몇 개 지나고 이제 서서히 오르막 길이 나오기 시작했습니다. 히말라야 등반은 오전 4시간 오후 4시간 이렇게 걷는 일정이었습니다. 첫날은 오후 4시간을 걸어서 첫날 밤을 지낼 롯지에 도착했습니다. 롯지는 네팔식 산장인데 오두막이라는 번역처럼 작은 방이 여러 개로 나뉘어 있다고 보면 됩니다. 한 방에 두 개의 간이 침대에서 한 명씩 잘 수 있는 시스템입니다. 우리는 어마어마한 계단식 논밭으로 형성되어 있는 네팔 마을을 바라다보며 맥주를 곁들인 저녁 식사를 했습니다. 그렇게 히말라야 산속에서의 첫날밤을 보내게 되었습니다. 바깥 날씨가 엄청 춥지는 않았으나 롯지 안의 간이 침대는 난방이 되지 않습니다. 따라서 잘 때 핫팩을 등짝에 두 개 정도 붙이고 자야 합니다. 첫날밤에 저는 핫팩을 붙이지 않고 자서 너무 추워서 잠을 설친 기억이 있습니다. 히말라야 갈 때 핫팩 준비는 필수입니다. 다음 날 일어나 우리는 고양이 세수를 하고 아침을 먹었습니다. 히말라야에 가서는 씻는 것을 포기해야 합니다. 아니 차라리 산중으로 올라갈수록 씻으면 안 됩니다. 산소가 부족하기 때문에 머리를 감는다거나 하면 바로 저산소증에 빠진다고 가이드가 말해 주었습니다. 이른바 고산병인 거죠. 그래서 며칠 동안은 아예 세수도 안 하고 원시인처럼 지냈습니다. 둘째 날 아침을 먹고 푼힐이라는 곳으로 출발했습니다. 둘째 날은 그야말로 끝도 없는 계단을 오르고 또 오르는 등반이었습니다. 날씨는 우리나라 11월 중순 정도의 날씨라 춥지는 않았습니다. 등산복 겉옷을 벗고 걸을 정도로 땀이 났습니다. 우리는 핸드폰에 정확한 고도계라는 앱을 다운받아 지금 우리가 얼마만큼 올라왔는지 계속 체크하면서 올라갔습니다. 히말라야를 등반하면서 지금 얼마만큼 올라왔는지 고도계로 계속 체크하는 일은 재미있기도 하고 아예 습관이 되더군요. 오전에 4시간을 계속 올라가니까 요리사들이 점심을 해 놓은 곳에 도착하였습니다. 땀을 엄청 흘렸으니 맥주를 마셔 댔습니다. 히말라야에 가면 에베레스트라는 네팔 맥주가 있는데 맛이 괜찮습니다. 그리고 우리와 함께 간 요리사가 완전 한국식 요리를 한국 주방장보다 더 잘했습니다. 김치찌개, 미역국, 매운 감자찌개 등등 정말 한국에서 먹는 것보다 더 맛있었습니다. 물론 등산하고 난 후의 식사라 그런 면도 있겠지만요. 아무튼 나중에 등산을 마치고 내려오면서 회식하는 날 제가 고맙다고 요리사에게 팁을 주기도 했습니다. 점심을 먹고 오후 등산이 시작되었습니다. 오후에도 계속 오르고 또 올라갔습니다. 올라가다 보니 초등학교도 있었습니다. 기억에 남는 건 한 초등학생이 학교를 다니는데 반대편 산 중턱에 있는 초등학교를 걸어서 다녀야 하는데 산 높이가 장난이 아니므로 이 초등학생은 끝도 없이 계단을 내려가서 다시 끝도 없이 올라가야 학교에 등교할 수 있었습니다. 그 길을 매일매일 다닌다고 했습니다. 보자기에 책을 말아 대각선으로 질끈 묶은 초등학생을 뒤로하고 우리는 계속 걸어 올라갔습니다. 그렇게 4시간을 걷자 푼힐이라는 정상이 나왔습니다. 히말라야에서 푼힐이라는 곳은 중고등학생들이 히말라야 등산을 오면 목표로 삼는 곳입니다. 이곳에서는 새벽에 히말라야 일출 장관을 볼 수 있는 곳입니다. 푼힐에 도착하여 저녁을 먹고 우리는 난로가에 앉아 몸을 녹였습니다. 계속 올라와서 저 아래보다는 바깥 날씨가 쌀쌀했습니다. 초겨울 날씨 정도 됐습니다. 내일 아침 새벽 4시에 기상하여 일출을 보러 약 1시간 등산해야 하므로 일찍 잤습니다. 등에 핫팩을 붙이고 잤는데 자다 깨다 자다 깨다를 반복하면서 그런대로 잘 잤습니다. 둘째 날쯤 되면 내 몸이 히말라야에 적응해 가는 느낌이 듭니다. 속세의 노폐물이 땀으로 다 배출되고 이제 서서히 자연인이 되어 가는 느낌이 납니다. 우리가 얼마나 속세에서 노폐물을 몸에 지니고 사는지 실감하게 되더군요. 히말라야를 갔다 오면서 아! 한국에 가서도 이렇게 배낭 메고 등산을 하면 노폐물이 없어지는 경험을 얼마든지 할 수 있겠구나! 등산화 신고 배낭 메고 이 산 저 산 많이 다녀야지 맹세했지만 그때뿐이었고 실천하지 못했습니다. 그러고 보니 지금 당장이라도 땀 흘리는 등산을 해야겠습니다. 몸속 노폐물을 배출하기 위해서요.

새벽 4시에 가이드가 깨워서 일어났습니다. 우리는 등산복을 꾸역꾸역 입고 가이드를 따라 등산하기 시작했습니다. 캄캄한 밤에 핸드폰 플래시 불빛을 비추어 가며 앞사람을 따라 오르고 또 올라갔습니다. 가이드는 한국에 와서 7년 동안 일했다고 했습니다. 당연히 한국말을 잘했고 나중에 히말라야를 다시 오면 여행사 없이 그냥 연락만 하고 오기로 하고 전화번호도 받아 놨습니다. 그러나 코로나가 터지고 해외

나가 본 지 오래됐고, 또 그때 마음이랑 지금은 다릅니다. 사람이 살다 보면 마음먹은 대로 되는 게 거의 없습니다. 히말라야에서 돌아오는 비행기에서 생각했습니다. 아! 전 세계에서 이렇게 트레킹을 할 수 있는 명소가 한 다섯 군데쯤 된다고 우리가 토론했었는데 더 늙기 전에 거기를 가 보자고 생각했습니다. 로키산맥 트레킹, 스위스 알프스 트레킹, 호주 사막 트레킹, 그리고 버킷리스트 중 하나인 지중해[8)] 크루즈 등등. 그러나 일상으로 돌아오면 그게 쉽지만은 않습니다. 그래서 해외는 기회 있을 때 무조건 가야 합니다. 나중은 없습니다. 쟤 미친 거 아냐? 이런 소리를 들을 정도로 가야 그나마 중간 정도는 할 수 있습니다. 그렇게 우리 인생길에는 뭔 할 일이 그렇게 많은지 모르겠습니다. 그렇게 일에 치어 살다가 죽는 게 우리네 인생인지도 모릅니다.

깜깜한 새벽에 가이드를 따라 한 시간 걸어 올라가니 푼힐이라는 정상에 도착했습니다. 주위는 아직 어두웠는데 사람들이 엄청 많았습니다. 지금 생각으로 한 200명쯤 되었던 것 같습니다. 한 30분 지나자 해가 서서히 떠올랐습니다. 건너편 정상에 보이는 히말라야 꼭대기 에베레스트부터 햇볕이 들기 시작했습니다. 완전 노란색이었습니다. 푼힐에서 바라보는 에베레스트 정상은 장관이었습니다. 그래 바로 이게 히말라야야! 라는 경탄이 터져 나왔습니다. 우리가 달력에서 보는 그림

---

이 눈앞에 펼쳐졌습니다. 푼힐까지만 와도 히말라야에서 느끼는 감동과 경탄을 다 느낄 수 있는 것 같았습니다. 중고등학생들이 왜 여기까지만 수학여행을 오는지 알 것 같았습니다. 그러나 우리의 목표는 안나푸르나 베이스 캠프이므로 이제부터 시작입니다. 푼힐에서 히말라야 일출을 한 시간 정도 보고 내려와 아침을 먹고 우리는 다시 등산을 시작했습니다. 다음 날 등산은 오르막이 아니라 오르막도 있고 내리막도 있고 능선도 걷고 계곡도 걷고 하는 그야말로 트레킹 코스였습니다. 그 높은 지대에도 사람이 살고 있었습니다. 지나가다가 양 떼를 몰고 가는 목동도 만나고 마을 사람도 만나고 네팔 개도 만났습니다. 네팔 개들은 한결같이 편안하게 잠을 자고 있었습니다. 그래서 우리는 야~ 네팔 개가 진짜 상팔자구나~ 라고 하면서 지나쳤습니다. 한 마을을 지나는데 한 마리 네팔 개가 우리를 배웅해 줬습니다. 그런데 이 개는 배웅을 한 1km도 더했습니다. 우리를 계속 따라왔습니다. 그러다가 언제 없어졌는지 인사도 없이 사라졌습니다.

오전에 4시간을 걷고 요리사가 해 준 점심을 먹고 한 시간 정도 낮잠을 자다가 다시 출발했습니다. 중간에 걷다 보면 휴게소 비슷한 것들도 있습니다. 그러면 우리는 잠시 쉬면서 에베레스트 네팔 맥주를 마셨습니다. 맥주 한 잔을 들고 히말라야 흰 봉우리를 배경으로 사진을 찍어 카톡으로 큰딸에게 보냈더니 큰딸이 하는 말이 눈 속에서 뒹굴고 있는 줄 알았더니 그게 아니었네 라고 톡을 보내왔습니다. 히말라야 등산 8일 중에 처음 4일은 이렇게 네팔 트레킹입니다. 둘째 날 빡세게 올라와 푼힐에 도착한 후 셋째 날 넷째 날은 네팔의 이 산 저 산등성이를 걷고 또 걷고 가다 보면 이 마을도 지나고 저 마을도 지나는 네팔 트레킹입니다. 셋째 날을 롯지에서 자고 그다음 날도 똑같이 걷고 또 걸어서 넷째날 롯지에 도착했습니다. 여기는 마을이 꽤 컸습니다. 가이드가 이제 내일부터 진짜 히말라야 속으로 들어간다고 했습니다. 뭔가 긴장되기도 했지만 우리는 저녁에 맥주도 마시고 기타도 치면서 즐거운 시간을 보냈습니다. 저는 트렘펫을 좀 불 줄 아는데 가지고 간 트럼펫으로 히말라야 밤 속에서 '밤하늘의 트럼펫[9]'을 연주하여 감동의 도가니를 만들었습니다. 또 우리 일행 중에 히말라야까지 기타를 가지고 간 친구도 있었는데 한 네팔 친구가 자기 기타를 가지고 와서 서로 배틀을 겨루며 거기에 맞춰 노래도 엄청 불렀던 기억이 있습니다. 우리가 재미있게 노니까 인도네시아나 사우디에서 온 친구들도 끼어 달라고 해서 같이 놀았습니다. 그렇게 넷째 날 밤이 저물어 가고 있었습니다. 다음 날 아침 우리는 배낭을 챙겨 메고 히말라야 속으로 걸어 들어갔습니다. 걸어가면 걸어갈수록 계곡이 점점 더 좁아지는 것 같았습니다. 이제는 고개를 뒤로 젖혀야 양옆으로 병풍처럼 펼쳐진 암벽으로 구성된 산을 볼 수 있었습니다. 오전에 4시간 등산 후 점심을 먹고 난 후 가게에 한국 라면이 있길래 반가워서 주인한테 끓여 달라고 해서 한

---

젓가락씩 먹고 오후 등산을 시작했습니다. 같이 간 포터나 요리사들은 우리가 점심 먹을 때 어디 가서 먹는지 모르지만 뒤켠에서 자기들끼리 식사를 하나 봅니다. 그리고 잠도 우리는 롯지에서 자지만 그들은 근처에 천막 비슷한 걸 치고 거기서 자는 것 같았습니다. 그래도 이렇게 포터나 요리사로 따라올 수 있는 것만도 네팔에서는 큰 돈벌이라고 하더군요. 그리고 롯지 주인들은 네팔에서는 부자라고 했습니다. 그런데 코로나 3년간 이들도 배를 쫄쫄 굶고 살았을 것입니다. 아무래도 방문객이 줄어들었을 테니까요. 네팔 가이드나 포터, 요리사들도 모두 실업자가 되어 지냈을 것 같았습니다. 이제 코로나도 끝났으니 히말라야가 다시 활기를 띠기 바랍니다.

오전 4시간 오후 4시간을 걸어 뱀부라고 하는 롯지에 도착했습니다. 이제 여기서부터는 서서히 고산병 증세가 나타난다고 했습니다. 자다가 등짝에 이불이 뭉쳐서 이불을 펴려고 등을 들어 올리면서 손으로 이불을 빼는 동작을 하고 나면 숨이 찼습니다. 그만큼 주위에 산소가 부족해 조심조심 행동해야 합니다. 이때부터는 세수도 안 했습니다. 머리를 감는 건 금기 사항입니다. 뱀부에서 잠을 자고 다음 날 안나푸르나 베이스 캠프를 가는 날이었습니다. 앞 글자를 따서 ABC라고 부릅니다. ABC 가기 전에 NBC라는 곳이 있습니다. 뱀부에서 아침에 출발하여 NBC에 도착해 점심을 먹었습니다. 점심을 먹고 바로 ABC로 출발했습니다. 우리가 갔던 때가 12월 중순이었는데 다행히 날씨가 좋아서 눈 속을 걷지는 않았습니다. 가이드가 운이 좋다고 말해 주었습니다. 웅장한 히말라야 봉우리 속으로 걸어 들어갔습니다. 걸어가면서 가이드에게 내가 뒷머리가 땡긴다고 말했더니 가이드가 모자 쓰세요~ 라고 해서 마침 사 두었던 네팔 털모자를 쓰니 금방 괜찮아졌습니다. 가이드의 경험이 드러나는 대목이었습니다.

오후 4시간을 걸어 올라가니 거대한 히말라야 밑에 자리 잡은 그 유명한 안나푸르나 베이스 캠프에 도착했습니다. 도착한 기념으로 만세를 부르며 사진도 엄청 찍어 댔습니다. 베이스 캠프는 엄청 넓은 평지였는데 바로 눈앞에 어마어마한 빙벽인 히말라야가 눈앞에 펼쳐졌습니다. 저 빙벽을 등반한다고 하니 대단한 등반가들이라고 생각했습니다. 안나푸르나 베이스 캠프에 가면 에베레스트를 등반하다가 사망한 산악인들의 위패가 모셔져 있습니다. 그래서 그런지 베이스 캠프는 뭔지 모르게 스산한 느낌도 들었습니다. 우리는 ABC에서 저녁을 먹고 롯지에서 잤는데 히말라야 밤 중에서 가장 추운 밤이었습니다. 밤중에 화장실에 갈 일이 있어서 갔다가 우연히 하늘을 보았는데 그야말로 감탄이었습니다. 하늘에 별이 그렇게 많은지 처음 알았습니다. 어렸을 때 시골에서 바라보던 밤하늘의 별도 엄청 많았지만 히말라야에서 바라본 밤하늘의 별은 그 두 배는 많았고요 밝기도 엄청 반짝거렸습니다. 핸드폰 사진에 담아 왔는데 어디로 사라졌는지 찾을 수가 없네요. 그렇게 베이스 캠프에서의 밤은 지나가고 있었습니다.

아침에 일어나 조식을 먹고 우리는 하산을 준비했습니다. 히말라야 봉우리를 뒤로하고 우리는 출발했습니다. 하산 속도는 등산보다 두 배

빠릅니다. 안나푸르나 베이스 캠프에서 넷째 날 기타 치고 놀던 롯지까지 하루 만에 도착했습니다. 등산의 묘미는 하산에 있습니다. 모든 긴장이 풀어지고 여유를 느끼면서 내려오면 됩니다. 물론 안전에는 조심해야겠지만요. 이 롯지에 도착해서야 핸드폰 와이파이가 터졌습니다. 그러니까 한 3일 동안 연락이 두절되었던 거지요. 와이프에게 카톡을 보내니 살아 있었느냐고 톡이 왔습니다. 롯지에서 자고 다음 날 반대편 마을까지 이동했습니다. 반대편 마을이지만 두 시간 정도 걸어서 왔습니다. 여기서 밥을 먹고 맥주를 마시며 잠시 휴식을 취한 후 히말라야 마지막 롯지로 내려갔습니다. 여기는 온천도 있었습니다. 롯지에서 약 10분쯤 걸어 내려가면 개울가에 야외온천이 있었습니다. 우리는 여기서 온천욕도 하면서 히말라야의 마지막 날을 즐겼습니다. 온천욕을 마치고 오후에 좀 쉬다가 저녁에 우리 모든 일행들과 회식을 했습니다. 포터 5명, 요리사 3명, 가이드, 그리고 우리 일행 5명 이렇게 회식을 하며 즐거운 시간을 보냈습니다. 우리에게 맛있는 요리를 해 준 주방장 요리사에게 팁을 주면서 마침 내 생일날 맛있는 미역국을 끓여 주어서 주는 팁이라고 했습니다. 내가 말을 하면 가이드가 통역을 해 주었습니다. 다음 날 아침에 버스 타는 곳까지 이동했습니다. 계속 걸어 내려와서 한참을 기다리니 버스가 왔습니다. 우리나라 1970년대 시골 버스랑 똑같았습니다. 그 버스에는 포터와 요리사들이 타고 떠나고 우리 5명은 렉스톤 비슷한 차가 와서 그걸 타고 버스를 따라 내려갔습니다. 중간에 버스가 펑크 나는 바람에 바퀴도 갈고 내려왔습니다. 완전 내가 중고등학교 다닐 때 풍경이랑 똑같았습니다. 그렇게 우여곡절 끝에 히말라야 등산을 처음 시작했던 곳으로 내려왔습니다. 여기서 우리는 지금까지 함께 했던 포터, 요리사들과 작별을 고했습니다. 그리고는 렉스톤을 타고 포카라로 다시 돌아왔습니다. 포카라라는 도시는 아주 깨끗한 이미지의 도시입니다. 히말라야 눈이 녹은 물로 깨끗한 호수를 가지고 있는 도시입니다. 우리는 호텔에 짐을 풀고 호수 근처에 가서 바베큐를 먹으며 즐거운 시간을 보냈습니다. 호텔에서 밤을 보낸 후 다음 날 우리는 포카라 공항으로 가서 처음 카트만두에서 타고 왔던 그 프로펠러 비행기를 타고 카트만두로 돌아왔습니다. 카트만두라는 도시는 회색빛 도시입니다. 사람은 엄청 많지만 못사는 티가 나는 도시입니다. 아무튼 그렇게 카트만두 공항에서 가이드와 헤어지고 우리 일행은 대한항공을 타고 인천국제공항으로 밤새 달려왔습니다. 제트기류를 타고 비행기는 시속 1000km까지 달리더군요. 돌아오는 비행기 안에서 와인을 얼마나 달래서 먹었는지 머리가 아팠습니다. 인천국제공항에 새벽에 내려서 일행들과 헤어지고 집으로 리무진 버스를 타고 오면서 지인들에게 히말라야를 다녀온 소감을 카톡으로 보냈습니다. 그때의 감동을 고스란히 전하고 싶어 톡을 했던 기억이 있습니다. 히말라야 일정은 이렇게 막을 내렸습니다. 히말라야는 한번 가는 사람은 없다는군요. 아예 못 가든지 아니면 한번 가서 느낀 감동 때문에 다시 한번 간다고 합니다. 언젠가 시간이 되면 히말라야를 다시 한번 가고 싶습니다.

# 황금 소금 지금

황금 소금 지금[10)] 세 개의 금이다. 이 세 개 중에 사람들이 제일 좋아하는 것의 순서가 황금 소금 지금일 것이다. 그러나 그 반대가 정답이다. 지금이 가장 중요하고, 그다음이 소금이고, 맨 나중이 황금이다. 지금 만큼 중요한 건 없다. 지금 이 순간의 삶을 즐겨야 한다. 지금 비록 힘들고 어렵지만 훗날의 행복을 위해 참고 견디는 삶은 우리네 인간들의 왜곡된 삶이다. 그런데 가만히 생각해 보면 그렇게 행복을 훗날로 미뤄 놓고 열심히 뼈 빠지게 일해서 편해질 만하면 몸이 아프거나 해서 돈을 쓰려고 해도 쓸 수가 없다. 해외여행도 갈 수 없다. 비행기를 장시간 탈 수 없으니까. 경치 좋은 곳에 놀러 갈 수도 없다. 다리가 성하지 않으니까. 부모님에게 맛있는 거 사 드리면서 지금까지 못한 효도 좀 하려고 하면 부모님이 곁에 안 계신다. 이게 삶의 이치이자 아이러니다. 아쉽지만 지금 행복하지 못하면 훗날에도 행복할 수 없다. 지금 이 순간을 즐겨야 한다. 카르페 디엠! 그다음은 소금. 요즘 후쿠시마 오염

---

수의 위력을 실감하는 중이다. 사람들이 너도나도 소금 사재기 열풍이다. 우리가 언제부터 이렇게 소금을 사랑했던가? 완전 혐오식품으로 대해 온 지 오래다. 의료업자들의 농간에 소금을 멀리하다 보니 이런 저런 병이 생겨 대한민국은 의료 천국이 되었다. '아프면 병원 가야지!' 이 말을 달고 사는 우리나라 사람들이다. 이러다 보니 의료 수가는 천정부지로 치솟고 의사들은 최고로 돈을 많이 버는 직업이 되었다. 요즘에는 초등 의대반이 생겨 의사 되기에 목을 맨다. 나라가 완전 거꾸로 가고 있다. 그러나 이번 후쿠시마 오염수 사태로 사람들이 사재기한 소금을 조금씩 먹다 보면 아픈 데가 싹 낫는다. 우리 국민들이 소금을 가까이하면 우리나라 병원의 절반이 문을 닫을 것임을 나는 확신한다. 오늘부터 천일염 한 톨을 수시로 입에 물고 다니자. 혈액순환이 촉진되면서 우리 몸의 자정 능력이 활성화되어 몸속 구석구석을 정상으로 만든다. 『동의보감』에 '단살쓴기매힘짠맥신뼈'라고 했다. 단 것은 살을 찌우고, 쓴 것은 기를 살리고, 매운 것은 힘을 내게 하고, 짠 것은 맥을 뛰게 하고, 신 것은 뼈를 단단하게 한다고 하였다. 소금을 곁에 두고 한 톨씩 입에 물고 다니면 당신 몸에 천지개벽이 일어날 것이다.

# 명상의 생활화

부교감 신경이라고 들어보셨나요? 네 우리 몸에는 두 개의 신경계가 있습니다. 하나는 교감 신경이고 다른 하나는 부교감 신경입니다. 이 둘의 차이는 한마디로 깨어 있느냐 그렇지 않느냐입니다. 교감 신경은 우리가 항상 깨어 있을 때 활성화됩니다. 또리방 또리방 한 상태를 말하죠. 부교감 신경은 반대로 우리가 쉴 때나 멍 때릴 때나 잠잘 때 활성화됩니다. 문제는 이 부교감 신경이 활성화되어야 할 때 교감 신경이 활성화되면 잠을 잘 못 자게 됩니다. 밤에 누웠는데 비몽사몽 한 상태가 지속되는 경우는 교감이라는 놈이 깨어 있어서 그런 거예요. 그래서 우리는 평소에도 이 부교감 신경을 활성화시키려는 습관이 필요합니다. 그것 중 최고가 명상입니다. 명상은 우리 몸속 부교감 신경을 활성화시켜 줌으로써 우리 몸을 편안하게 해 줍니다. 왜냐하면 교감 신경이 항상 활성화되어 있으면 신경이 곤두선다는 말처럼 항상 피곤한 상태로 지낼 수밖에 없기 때문입니다. 음식을 먹고 소화가 잘되는 것은 부교감 신경과 관련이 있습니다. 이 자율신경계는 우리가 의도적으로 할 수 있는 것이 아니므로 우리 몸의 부교감 신경이 자율적으로 활성화될 때 소화도 잘되면서 몸에 편안함을 주는 것입니다. 점심을 먹고 난

후 잠깐의 쪽잠이 달콤했던 적이 많으시죠? 바로 이때 부교감 신경이 활성화되면서 우리 몸 컨디션을 올려 주기 때문입니다. 김대중 전 대통령은 점심 식사 후 달리는 차 안에서 쪽잠을 자기로 유명했습니다. 그래서 건강하게 오래 사신 것이기도 하죠. 그런데 우리는 운전기사 딸린 자가용이 없으니 어떻게 하나요? 그러면 대중교통은 어떤가요? 탄소중립도 지킬 겸. 자가 운전과 지하철 중 어떤 것이 부교감 신경 활성화에 도움이 될까요? 지하철을 타고 가면서 지그시 눈을 감고 가는 게 도움이 됩니다. 스마트폰은 어떨까요? 항상 폰에서 눈을 떼지 못하는 우리들은 교감 신경의 늪에 빠져 사는 꼴입니다. 더군다나 스마트폰으로 뉴스 정도나 읽는 것이 아니라 온갖 머리를 써 가며 게임을 하느라 쉴 틈이 없습니다. 슬로우 푸드 운동이라고 들어보셨죠? 패스트 푸드보다는 느긋하게 천천히 음미하면서 먹는 것인데요. 우리의 이런저런 생활을 여유 있게 하자는 운동입니다. 바로 느림의 미학입니다. 명상 다음으로 추천하는 것이 독서입니다. 천천히 책장을 넘기며 한 줄 한 줄 음미해 가는 독서가 우리 몸을 건강하게 만듭니다. 독서도 이 부교감 신경을 활성화시켜 줍니다. 또한 독서는 마음의 양식이라고 했으니 몸과 마음 모두를 풍요롭게 해 주는 것이 독서입니다. 월간 잡지 『샘터』 맨 뒷장에 보면 이런 글이 쓰여 있습니다. "샘터 가족은 하루 한 페이지 이상 독서를 합니다." 이 글을 보면서 하루 한 페이지쯤이야~ 이렇게 생각할 수도 있습니다. 그러나 곰곰이 자신을 되돌아보세요. 하루에 한 페이지도 독서를 안 하고 지나가는 날도 수없이 많습니다. 여기서 독서는 교과서

나 공문이나 뉴스를 읽는 것은 아니겠지요. 언젠가 한강공원에서 멍때리기 대회를 연 적도 있었죠? 이 멍때리기도 부교감 신경 활성화와 관련이 있습니다. 멍을 때리는 것이 명상과 비슷하기 때문입니다. 아무튼 우리는 우리 몸의 자율신경계를 어떻게 활성화시키느냐에 따라 건강하게 살 수 있는 비결을 지니는 것입니다. 미국 듀크대에서 실험을 했습니다. 고혈압과 동맥경화를 지병으로 앓고 있는 환자들에게 명상을 시켰더니 놀라운 치유력을 발휘했다는군요. 명상은 이렇게 심신을 맑게 하여 우리의 피를 깨끗하게 하는 작용도 합니다. 명상을 할 때 방법이 있습니다. 도쿄대를 나온 젊은 일본 스님 류노스케가 『생각 버리기』라는 책에서 말한 방법인데요. 명상을 하면서 우리는 온갖 잡생각에 사로잡힙니다. 사실 이러면 명상이 되는 게 아니죠. 그냥 세상만사 온갖 일에 자신이 휩쓸려 가는 꼴인 거죠. 그래서 명상을 할 때 자신의 생각을 자신의 몸 안에 가두어 놓아야 한다는 것입니다. 조용히 눈을 감고 자신이 숨 쉬고 있는 소리에 집중한다거나 손을 맞잡고 있으면서 손과 손의 감촉을 느끼는 식으로 우리의 생각이 우리 몸을 떠나지 못하도록 하는 것입니다. 그러면 온전히 자신의 생각에 집중할 수 있고 그것이 명상의 좋은 방법입니다.

# 도둑에서 시체로

인클로저 신드롬을 아시나요? 13세기 영국에서 부농들이 양털값이 오르자 농토를 목축지로 바꾸는 현상을 말합니다. 농토에 고용되어 있던 수많은 농부들은 일자리를 잃고 도시로 도시로 몰려듭니다. 그러나 도시에 일자리가 있을 리가 만무하지요. 그래서 그 농부들은 거지가 되고 도둑이 되고 나중에는 시체가 됩니다. 법은 약자에게 더 엄격하여 조그만 도둑질에도 목을 매다는 교수형에 처해집니다. 작금의 대한민국 아니 이 지구상의 인류 전체가 인클로저 현상으로 돌아가는 것은 아닐까 생각해 봅니다. 대자본의 휘갈김에 중소 서민들은 항상 기를 빨립니다. 부동산, 주식을 비롯한 자본은 물론이고 유형무형의 모든 기를 빨리고 빨리는 것이 서민들의 처지입니다. 그래서 우리는 조심해야 합니다. 호랑이에게 잡혀가도 정신만 똑바로 차리면 산다는 말을 명심해야 합니다. 어느 한순간 불나방이 되어 불구덩이에 자신의 몸을 던질지 모르는 것이 우리 서민들입니다. 뱁새는 황새를 따라가려면 안 됩니다. 가랑이가 찢어지면 그나마 아장아장 걷는 것도 못합니다. 오르지 못할 나무는 쳐다보지도 말라는 옛 성현들의 가르침도 명심해야 합니다. 우리들 기를 꺾자는 말이 아닙니다. 우리는 인생을 왜 살까요? 정답은 바로 행복입니다. 행복해지기 위해 돈도 벌고 일도 하고 친구도 사귀고 하면서 삽니다. 이 행복을 가져오는 방법은 의외로 간단합니다. 내려놓으면 됩니다. 무소유가 행복입니다. 지금 내 주위를 감싸고 있는 사람과 여유를 즐기면서 살면 됩니다. 부처님 말씀에 화안시라고 있습니다. 가진 게 1도 없는 사람이 남에게 보시를 어떻게 할까요? 웃으면 됩니다. 돈이 들어갈 일이 없는 것이죠. 지금 내 주위를 감싸고 있는 모든 것에 감사하며 살면 그게 인생의 정답입니다.

## 가화만사성

가정이 화목해야 만사가 이루어진다는 뜻이다. 그런데 여기에는 좀 더 심오한 뜻이 담겨 있다. 공자가 강조한 것이 사랑(仁)이다. 이 사랑은 부모가 자식을 사랑하는 내리사랑과 자식이 부모를 사랑하는 치사랑을 함께 말하고 있다. 그런데 가만히 생각해 보면 부모가 자식을 사랑하는 것은 동물들에게도 있다. 단, 자식이 부모를 사랑하는 효도는 오직 인간에게만 있는 사랑이다. 공자가 주목한 것은 바로 자식이 부모를 사랑하는 치사랑이다. 이 사랑의 마음을 잘 키워 가면 사람이 사람답게 된다는 것이다. 공자가 살았던 시대는 혼란의 극치였다. 호랑이보다 정치가 더 무서웠던 시대였다. 이러한 약육강식의 혼란을 바로 잡는 열쇠가 바로 사랑(仁)에 있다고 공자는 생각한 것이다. 부모와 자식 간의 사랑이 이웃으로 사회로 국가로 퍼져 나가는 사랑을 꿈꾼 것이다. 마치 잔잔한 호숫가에 돌멩이 하나를 던지면 물결이 동심원으로 퍼져 나가는 것과 같다. 가화만사성! 가정이 화목해야 만사가 이루어진다는 의미이기도 하지만, 그 속에는 가정의 사랑이 이 세상 모든 혼란을 잠재울 비밀의 열쇠임을 나타내는 위대함이 숨어 있다.

## 계몽 자유 인권 환경

진정한 근대의 시작은 계몽으로부터 시작되었다. 프랑스 혁명 이전 많은 사람들은 책을 읽으며 카페에서 많은 토론을 했다. 그러면서 사람들의 눈이 떠졌다. 이른바 계몽의 시대이다. 이 계몽의 동력으로 프랑스 혁명이 일어난 것이다. 프랑스 혁명으로 사람들은 자유를 쟁취했다. 사람들은 자유를 쟁취하고 환호했지만 뭔가 허전했다. 왜냐하면 우리 운명을 결정짓는 모든 정치적 행위는 고관대작들이 움켜쥐고 있었기 때문이다. 그래서 외친 것이 보통선거권을 달라는 정치적 자유이다. 19세기 초 시작된 보통선거권 요구는 19세기 말에는 여성들의 참정권 요구로 이어졌다. 그렇게 20세기 초에 수많은 국가들이 여성들에게 참정권을 허용했다. 이렇게 19세기가 저물고 20세기가 되자 사람들은 이제 더 이상 자유권에 만족하지 못했다. 그래서 요구한 것이 인간답게 살 권리의 요구이다. 이른바 인권의 시대이다. 20세기는 인권 확대의 시대이다. 인간이라면 누구나 똑같이 대우받는 세상을 열고자 노력한 세기이다. 여성 차별 철폐, 인종 차별 철폐, 장애인 차별 철폐 등등 지난 20세기는 이 차별을 철폐하고자 노력한 시대이다. 물론 아직까지도 우리 주위에는 수많은 차별이 넘쳐 난다. 20세기 인권의 시대를 지나 이제 우리 앞에 주어진 과제는 환경이다. 인권이 먹고사는 문제라면 환경은 죽고 사는 문제이다. 지금도 남극과 북극의 얼음은 공포스러운 속도로 녹고 있다. 얼음이 녹아 지구 바다의 수면이 올라가면 저지대 도시들이 위험하다. 2015년 지구인들은 파리 기후 변화 대협약을 맺고 이산화탄소 배출을 줄이고자 안간힘을 쓰고 있지만 지구의 평균 기온은 오늘도 올라가고 있다. 오늘날 지구촌 곳곳이 기후 재앙으로 몸살을 앓고 있다. 리프킨은『공감의 시대』라는 책에서 지구촌 사람들의 공감 의식과 지구촌이 망해 가는 터닝 포인트가 평행으로 달리고 있다고 진단하면서, 지구가 망하기 전에 지구인들은 이 기후 위기에 대한 위대한 공감대를 형성할 것을 주문하고 있다. 용수철이 일정 부분 늘어나면 제자리로 돌아오지만 어느 임계점을 지나면 원위치로 돌아오지 않는다. 지구 환경의 문제가 그 임계점을 지날 시간이 얼마 남지 않았다. 하루 24시간을 지구에 적용하면 우리는 지금 23시 59분 40초를 지나고 있다. 그야말로 우리가 죽고 사는 이 환경의 문제는 우리 인류에게 주어진 마지막 숙제이다.

하루 열 줄 이상 글쓰기

## 의치한약수

'의치한약수' 의대, 치대, 한의대, 약대, 수의대의 앞 글자를 딴 말이다. 요즘 고득점 수험생들이 선호하는 대학들이다. 요즘 학생들은 대학을 지원할 때 일단 의치한약수를 채운 다음 서울대를 채운다. 30년 전만 해도 전국 수석들이 가는 학과는 서울대 물리학과였다. 국가와 인류에 공헌하고자 하는 거대한 포부를 안고 순수과학의 길을 선택한 것이다. 장래희망도 한국 최초 노벨상 수상자였다. 그러나 IMF를 지나면서 상황이 180도 바뀌었다. IMF를 지나면서 대한민국 땅에 일어난 변화 중 하나는 기업은 강해졌지만 개인은 약해졌다는 것이다. 개인들은 IMF 전보다 호주머니 사정이 더 열악해졌다. 여기저기서 구조조정이라는 명목으로 해고도 엄청 늘어났다. 노동 시장의 유연화라는 명목으로 비정규직이 무더기로 양산되었다. 안정적인 일자리의 상징이었던 하얀 와이셔츠에 넥타이를 맨 은행원들도 대규모로 해고되었다. 개인들은 불안했다. 평생직장이라는 말도 이제 옛말이 되었다. 그렇다면 평생 직업이면서 고소득 일자리는 무엇일까? 이때부터 떠오른 직업이 의사다. 의사가 안정적인 일자리로 각광받으며 각 대학 의예과들은 가장 가고 싶은 학과로 부상했다. 과학자가 된 동창과 의사가 된 동기들의 수입이 비교가 안 될 정도로 차이가 났다. 먹고사는 문제가 중요해진 만큼 의대 선호 현상은 더욱더 강해졌다. 2023년 가을 의대 증원 문제로 나라가 시끌벅적하다. 어느 지자체에서는 삭발투쟁까지 하면서 의대 설립에 혈안이 되어 있다. 그러나 나는 묻는다. 본질은 얼마나 양질의 의사를 길러 내느냐에 있다고.

하루 열 줄 이상 글쓰기

## 하루 일과 중 가장 작은 일에 몰두하라

나의 하루 일과 중 가장 작은 일은 무엇일까? 이 질문에 대답하기 위해서는 나의 생각을 나에게로 돌려야 한다. 나의 생각과 시선이 외부를 향하지 말아야 한다는 것이다. 우리는 시간이 나면 누구를 만날까? 어디를 놀러 갈까? 무슨 영화를 볼까? 다 이딴 생각뿐이다. 온통 생각과 시선이 외부를 향해 있다. 그러나 시간이 날 때 당신의 생각과 시선을 안으로 돌려야 한다. 자신에게 필요한 아주 작은 일부터 하나하나 처리해 나가야 한다. 마음이 허전하다면 영화보다는 책을 읽어라. 책 읽는 것이 귀찮다면 조용히 눈을 감고 명상하라. 명상이 아니라도 좋다. 그냥 멍 때리면 된다. 우리의 뇌는 빈둥빈둥거릴 때 기발한 아이디어가 떠오르는 배신의 아이콘이다. 지금 워드가 잘 안 쳐진다면 당신 손톱이 길기 때문이다. 손톱부터 정리해라. 친구를 만나기 전에 가족부터 챙겨라. 어디로 놀러 갈까를 궁리하지 말고 방부터 정리하고 놀아라. 지금 내가 할 수 있는 가장 작은 일에 몰두하라. 그게 삶의 기초공사이다. 기초가 탄탄하지 못한 삶은 소리 없는 메아리처럼 공허하다. 건전한 신체와 건전한 정신을 만들기 위해 매일매일 자신을 갈고 닦아라. 윤기가 날 때까지 매일매일 닦아라.

## 공과격

도교에서 선행을 강조하며 쓰는 공과격이라는 표가 있다. 가령 사람을 살리면 +10점 사람을 죽이면 -10점 이런 식이다. 이런 대차대조표에 따라 매일매일 선행을 세웠으면 공, 악행을 저질렀다면 과를 따져 그 격차를 살피는 것이다. 나는 어느 여름날 자동차를 몰고 터널을 지나가게 되었다. 햇볕이 쨍쨍 내리쬐는 날이었는데 터널 안으로 들어가는 순간 앞이 잘 안 보였다. 터널 안이 그늘이기 때문에 순간적으로 안 보이는 것이다. 그런데 그날 터널 안 갓길에 트럭 한 대가 멈춰 서 있는 것이 보였다. 고장이 난 것 같지도 않은데 아마 운전기사가 터널 안이 시원해 거기서 쉬고 있는 듯 보였다. 지나가면서 나는 저러다 터널 안으로 진입하는 차가 순간적으로 안 보여 추돌하는 큰 사고가 날 수도 있다고 생각했다. 곧바로 핸드폰으로 경찰에 신고를 했다. 큰 사고가 날 수도 있으니 터널 안 갓길에 세워진 차를 단속해야 한다고 신고를 했다. 아무렇지 않은 일 같지만 나는 이런 일이 큰 선행이라고 생각한다. 어쩌면 누군가의 목숨을 구하는 일이었을지도 모르는 일이다. 우리는 살면서 공을 쌓을 수도 있고 과를 저지를 수도 있다. 우리는 인간이니까. 그러나 어떻게 하면 선행을 쌓아 갈 것인가 조금씩 노력하면 공과격의 대차대조표는 항상 +를 가리키고 있을 것이고, 그 복은 당신에게 돌아올 것이다.

# 우리 모두의 관심사 다이어트

8:2의 법칙을 아십니까? 다이어트! 하면 당신은 무엇을 떠올리시나요? 바로 운동을 떠올리실 겁니다. 그러나 다이어트의 비밀은 식습관에 있습니다. 식습관이 8할을 차지한다면 운동은 2할입니다. 그만큼 무엇을 언제 어떻게 먹느냐가 다이어트의 핵심입니다. 살을 빼고 싶다면 현재 자신이 무엇을 언제 어떻게 먹고 있느냐를 따져 보아야 합니다. 우선 무엇을 먹고 있느냐입니다. 본 식사 전 애피타이저를 먹는다는 것은 20%의 열량 섭취를 줄여 준다는 연구 결과가 있습니다. 수프가 되었든 물 한 컵이 되었든 식사 전에 애피타이저를 먹는 습관이 당신의 몸무게를 줄여 줄 것입니다. 두 번째는 식탁을 야채로 채워 주세요. 야채로 배를 채우면 41%나 적은 칼로리를 섭취한다네요. 그리고 야채는 대장에도 아주 좋습니다. 무조건 많이 드세요. 야채에는 수분도 많기 때문에 물을 많이 마셔 주어야 하는 우리 몸에 엑기스의 물을 공급하는 것이 야채임을 명심하십시오. 야채가 머금고 있는 물이 진짜 엑기스입니다. 세 번째는 어떻게 먹을 것인가입니다. 무조건 천천히 드세요. 밥을 입에 넣고 40번 이상 씹은 다음 반찬을 입에 넣으세요. 당신이 비만이라면 허겁지겁 먹는 사람 중 한 명일 확률이 높습니다.

허겁지겁 먹는 사람은 소화도 잘 안 되면서 살만 찝니다. 또, 허겁지겁 먹는 사람은 비염에도 잘 걸립니다. 음식물을 위로 그냥 꾸겨 넣기 바쁘니 위에서 소화가 잘 안 됩니다. 비염은 위에 염증이 있다는 신호입니다. 음식을 천천히 꼭꼭 씹어서 삼키는 일은 비만도 방지하고 비염도 방지하는 일거양득 행동입니다. 마지막으로 아침, 점심, 저녁 중 무엇을 굶어야 비만 예방에 좋을까요? 정답은 야식입니다. 야식은 비만으로 가는 지름길입니다. 야식을 드신다면 다이어트를 꿈꾸지 마세요. 야식도 문제지만 손이 가요 손이 가는 간식도 문제입니다. 간식을 눈에 띄는 곳에 두지 마세요. 다이어트를 기승전결로 한 번 더 정리해 볼게요. 식사 전 물 한 컵을 마시는 기(起), 야채를 잔뜩 먹는 승(承), 천천히 먹는 전(轉), 야식 간식 금지의 결(結)입니다. 네 가지를 지켜서 건강하고 날씬한 몸매를 유지하시기 바랍니다.

하루 열 줄 이상 글쓰기

## 누구나 쌀 한 가마니의 무게를 안고 산다

삶은 고통이다. 고통의 이유는 수만 가지이다. 사람마다 고통의 종류는 다르다. 누구는 몸이 아파서 고통이고, 누구는 더 가지지 못해서 고통이고, 누구는 외로워서 고통이다. 그러나 진짜 고통은 왜 나만이라고 생각할 때이다. 모두 다 잘나가는데 나만 외롭다고 생각하는 순간 더 괴롭다. 페이스 북을 애써 외면하는 이유도 혹시 나만 외로운 거 아닌가 하는 두려움 때문이다. 그러나 아래를 향하는 시선이 당신을 고통으로부터 구한다. 위만 쳐다보지 말고 옆도 보고 아래도 보면 나만 고통스러운 게 아니다. 나보다 더 고통스러운 삶을 사는 사람 천지다.

잔잔한 호수에 떠있는 나룻배에는 쌀 한 가마니를 얹어 주어야 바람에 뒤집힐 일 없이 안전하다. 이게 우리네 삶이다. 어느 집이든 쌀 한 가마니의 걱정거리가 다 있다. 겉으로는 행복해 보이는 재벌 집안도 내부를 들여보다 보면 갈등과 반목이 있다. 쇼펜하우어는 우리네 삶이 욕망과 권태 사이를 오가는 시계추와 같다고 하였다. 인간이란 존재는 육체적 쾌락을 좇아 살 수밖에 없는 존재이기 때문에 그 쾌락을 맹목적으로 좇다가 그 쾌락이 충족되면 허무하다. 그러면 찾아오는 것이 권태이고 허망함이다. 그래서 우리에게는 금욕이 필요하다. 무소유가 왜 중요한지 알아야 행복에 다가갈 수 있는 것이다.

부잣집은 자식이 귀하고, 자식이 많은 집은 가난하고, 높은 벼슬아치는 꼭 멍청하고, 재주 많은 사람은 펼치지 못하고, 아비가 절약하면 아들이 방탕하고, 아내가 지혜로우면 남편은 바보이고, 보름달이 뜨면 꼭 구름이 끼고, 꽃이 활짝 피면 바람이 불어 대는 것이 인생이다. 우리는 왜 나만 꼭 머피의 법칙인가 라고 생각한다. 빵에 잼을 바르다 바닥에 떨어뜨리면 꼭 잼 바른 쪽으로 엎어진다. 그러면 우리는 참 재수 없네~

라고 투덜거린다. 그런데 그건 물리학적으로도 증명된 사실이다. 잼 바른 쪽으로 엎어질 수밖에 없는 것이 물리학적 이치라는 것이다. 우리는 우리식대로 해석하면서 불행을 탓할 것이 아니라 이 세상은 완벽한 이치에 따라 흘러가는 것이라고 생각할 때 마음에 평온이 찾아온다.

이 우주를 이끌어 가는 힘이 로고스다. 우주는 로고스의 지배를 받는다. 한 치의 오차도 없이 완벽한 기계처럼 착착 운행되는 것이 우주의 질서이다. 그 거대한 기계 속에서 우리 인간은 발버둥을 친다. 그러나 아무리 발버둥을 쳐도 우주는 그냥 흘러갈 뿐이다. 그래서 스피노자가 말했다. 내일 지구의 종말이 온다고 할지라도 나는 오늘 한 그루의 사과나무를 심겠다 라고. 냉철한 이성으로 이러한 우주를 조용히 음미할 때 우리는 마음의 평온을 찾을 수 있는 것이다. 이른바 해탈의 경지이다. 모든 것은 부처님 손바닥이다. 우리는 단칼에 세상을 바꾸어 보고자 무진 애를 쓰지만 세상은 그렇게 호락호락하지 않다. 그저 묵묵히 흘러갈 뿐이다. 그래서 우리는 우리가 할 수 있는 일, 사소하지만 중요한 일을 조용히 실천하며 살면 된다.

# 소크라테스는 악법도 법이다 라고 외쳤을까?

결론적으로 말하면 소크라테스가 이 말을 한 건 아니다. 다만 전후 사정은 이렇다. 청년들을 선동하여 국가 반란을 꾀했다는 죄명과 진리는 신의 영역이건만 진리를 인간 이성으로 알 수 있다고 하여 신을 모독했다는 죄명 이렇게 두 가지 죄명으로 법정에 서게 된 소크라테스는 얼마든지 자신 있었다. 왜냐하면 자신은 죄를 짓지 않았으므로. 그러나 배심원 중 60%가 사형에 찬성을 하게 되고 결국 소크라테스는 독미나리즙을 마시고 저승으로 가게 된 것이다. 소크라테스가 악법도 법이다 를 외치며 사약을 받아 마셨다는 것은 그가 이러한 아테네의 법정 시스템을 믿었다는 것에 기인한다. 소크라테스의 말을 빌리자면 아테네의 법정은 누가 혼자 독단적으로 결정을 내리는 시스템이 아니고, 수많은 아테네의 지성적인 시민들이 배심원으로 참여하여 결정을 내리는 시스템이기 때문에 이러한 시스템을 소크라테스는 믿고 수용했다는 것이 와전되어 악법도 법이다 라고 외쳤다고 한 것이다. 소크라테스 입장에서야 자신에게 주어진 사명이 아테네 시민들의 무지를 일깨우는 일인데, 이는 법정에서도 마찬가지였고 소크라테스가 아무리 옳다고 주장하여도 아테네 시민들 다수는 이를 거부하였으니 이러한 상황을 소크라테스가 받아들인 것을 악법도 법이다 라고 하면서 죽어 갔다고 한 것이다.

하루 열 줄 이상 글쓰기

## 최고선

아리스토텔레스 철학은 결국 우리네 인생이 최고선을 찾아가는 여정이라고 말한다. 그렇다면 이 최고선에 이르는 방법은 무엇일까? 그것은 작은 선(善)들의 집합에 있다. 아리스토텔레스 철학에 '아레떼(arete)'라는 것이 있다. 탁월함이다. 의술의 목적은 건강인 것처럼 탁월함은 또 다른 탁월함에 기여하는 식으로 계속 거슬러 올라가면 그 최종 목적지가 최고선이다. 인생의 최고선은 무엇일까? 그것은 행복이다. 우리는 누구나 행복해지기 위해 산다. 행복해지기 위해 필요한 것은 무엇일까? 돈도 명예도 쾌락도 행복을 가져다주지만 그것은 일시적이다. 한순간에 물거품이 되어 사라질 수도 있는 것들이다. 그렇다면 지속가능한 행복을 가져다주는 것은 무엇일까? 아리스토텔레스는 두 가지 덕을 제시한다. 하나는 교양을 쌓는 지성적인 덕이요, 다른 하나는 중용을 실천하는 품성적인 덕이다. 오늘 지금 이 순간부터라도 당신이 행복해지고 싶다면 책을 읽으면 된다. 그리고 중용의 덕목, 적절한 때에 적절한 행동을 하는 양극단에 치우치지 않는 행동을 계속해 나간다면 당신의 인생에 행복은 늘 함께할 것이다.

하루 열 줄 이상 글쓰기

## MBTI

"선생님 저를 자꾸 틀 속에 가두지 마세요." 한 여중생이 MBTI 검사를 받다가 선생님에게 한 말이다. 사실, 이 학생의 말 속에 진리가 들어있는지 모른다. MBTI나 애니어그램 등 성격 검사나 진로 검사 등 각종 심리 검사를 받다 보면 자꾸 한쪽으로 쏠리는 질문들이 계속 반복되는 것을 알 수 있다. 즉, 앞에서 나온 어떠한 질문에 한쪽 방향으로 대답을 하면 그다음 계속되는 비슷한 질문에도 그 쪽 방향으로 답을 하게 된다는 것이다. 그러나 이러한 심리 검사 속 질문들은 칼로 두부 자르듯이 명쾌하게 떨어지는 질문도 있지만 애매모호한 질문들도 많다. 그 애매모호한 질문 만큼이나 우리 인간이란 존재는 복잡하다. 열 길 물속은 알아도 한 길 사람 속은 모른다고 하였다. 우리 스스로도 우리 자신이 어떤 존재인지 잘 모른다. 그걸 알아 가는 게 인생이다. 그런데 한낱 질문 몇 개로 우리를 수호자형이니 옹호자형이니 선도자형이니 나누는 것은 어불성설이다. 그냥 혈액형을 가지고 그 사람의 성격이 어떻다고 하는 것이나 피차일반이다. 그 옛날 아리스토텔레스 시절에도 있었다. 점액질형, 답즙질형, 다혈질형 등등. 이렇게 우리 인간들은 이 사람은 어때, 저 사람은 어때 라고 자꾸 분류하려고 한다. 그만큼 우리 인간들이 어떤 생각을 가지고 사는지, 어떤 마음을 가지고 사는지 알기 힘들다는 반증이다. 『평균의 종말』이라는 책이 있다. 이 책의 작가 토드 로즈는 사람이란 상황에 따라 전혀 다르게 행동함을 이야기한다. 성격도 도덕성도 가치관도 상황이나 맥락에 따라 사람은 수시로 변하는 존재이다. MBTI든 애니어그램이든 맹신은 금물이다. 내 성격이나 가치관이 이런 정도(?)라는 가벼움으로 대해야 할 것이다.

하루 열 줄 이상 글쓰기

## 골방 좌파

나는 좌파다. 그러나 가식적인 좌파다. 좌파 흉내만 내는 좌파다. 이른바 골방 좌파다. 자판만 두드리는 좌파인 것이다. 적어도 한쪽 발이라도 현실에 걸치고 좌파 흉내를 내야 하는데 쪼다 같은 용기로 지금

껏 살아온 것이다. 대학원 때였다. 당시 1987년 6월 민주항쟁으로 전국은 그야말로 용광로였다. 나도 대학원 시절 사회학이라는 뜨거운 학문을 하면서 대한민국 사회의 부조리를 온몸으로 맞았다. 매일매일 벌어지는 시국 사건에 코멘트를 달면서 사회학도로 울분을 삼켰다. 당시 같이 공부하던 대학원생 중에 카톨릭 신부님이 계셨는데 지도교수님이 신부님께 부탁하기를 김재훈이 데모대로 뛰쳐나가지 않도록 옆에서 잘 잡아 달라고 할 정도로 나는 뜨거웠다. 그러나 나는 이때 울분을 삼키고만 있던 골방 좌파였다. 그야말로 앞서서 피 흘리며 민주화를 위해 나서지 못했다. 쪼다였으니까. 그야말로 나에게 주어진 조그마한 행복을 내동댕이치고 싶지 않았기 때문에 나는 숨었다. 글로써는 대만주를 호령하던 독립군처럼 썼지만 행동으로는 옮기지 못했다. 지독한 가난 때문이었을 것이다. 가느다란 실 하나를 잡고 대학원을 다니는 처지에 한순간 데모대에 참가했다가 구속되거나 하면 인생이 끝날 것이라고 생각했다. 연구실에서 김치 없는 라면으로 끼니를 때우며 마르크스를 신봉했지만 정작 독재에 맞서 싸우지 못하는 힘없는 대학원생 시절이었다. 지금 생각하니 대학교 초년생이라면 물불 안 가리고 뛰어들었겠지만 대학원생이라 더욱더 몸을 사렸나 보다. 아무튼 그렇게 나는 한걸음 물러서서 세상을 비판하는 골방 좌파로 살아왔다.

# 철학의 명장면 10

우선 라파엘로가 그린 「아테네 학당」을 들고 싶다. 「아테네 학당」 그림 중간엔 두 사람이 서 있다. 플라톤과 아리스토텔레스. 플라톤은 붉은색, 아리스토텔레스는 파란색 옷을 입고 있다. 바로 불과 물이다. 불은 위를 향하고 물은 아래로 흐른다. 이상과 현실이다. 플라톤은 이데아를 강조하였고, 아리스토텔레스는 현실을 중시하였다. 관념론과 실재론이다. 스승과 제자이지만 세계를 바라보는 관점이 완벽하게 대조된다. 서양의 특징이기도 하다. 스승의 그림자도 밟지 않는다는 동양과는 다른 점이다. 적어도 학문 세계에서 만큼은 스승을 넘어선다면 바람직한 일이다. 그래야 세상이 발전하는 법이다. 우물 안 개구리로는 다람쥐 쳇바퀴다.

두 번째는 헤겔과 쇼펜하우어 이야기다. 쇼펜하우어가 싫어하는 1순위가 헤겔이다. 왜냐하면 헤겔이 강의하는 소리는 그야말로 사기에 가까운 철학이라고 쇼펜하우어는 생각했다. 세상은 고통인데 마치 장밋빛 미래가 펼쳐질 것처럼 떠드는 헤겔에 사람들이 속고 있다고 생각한 것이다. 쇼펜하우어는 헤겔과 같이 베를린 대학 철학과 교수였다. 쇼펜하우어가 교수로 채용될 때 헤겔은 심사위원이었다. 노교수와 젊은 교수. 그렇게 교수가 된 후 쇼펜하우어는 헤겔보다 자신의 철학이 더 우위에 있다는 것을 보여 주기 위해 시간표도 헤겔과 같은 시간대에 편성해서 수강 신청을 받았지만 결과는 참패였다. 수강생이 없어 폐강되었다. 까칠한 성격의 쇼펜하우어는 교수직을 팽개치고 저술과 여행을 하면서 살기로 마음먹었다. 1832년 헤겔이 죽고 나자 이제 사람들의 생각이 서서히 쇼펜하우어 쪽으로 기울었다. 역사의 흐름도 이때쯤 되면 프랑스 혁명의 열광도 사라지고 먹구름의 터널 속으로 들어간다.

세 번째는 베이컨이다. 중세 말기 젊은 학자였던 베이컨. 그날도 수많은 노학자들과 함께 토론을 벌이는 중이었다. 그날의 토론 주제는 말의 이빨은 몇 개인가? 였다. 그렇게 토론에 토론을 거듭하던 끝에 베이컨이 조심스럽게 끼어들었다. "저~ 말의 이빨이 몇 개인지는 말의 입을 벌리고 세어 보면 되지 않습니까?" 순간, 주위는 정적이었다. 아니, 어떻게 생각과 사유가 철학의 기본인데 그걸 마다하고 더러운 말의 입을 직접 벌려서 이빨을 세어 본단 말인가? 그러나 베이컨의 이 생각이 경험론의 시초이다. 말의 이빨을 직접 세는 것이 관찰이다. 관찰은 과학의 기본 중의 기본이다. 근대 경험론이 탄생되는 순간이다.

네 번째는 키르케고르다. 그는 어떻게 실존주의의 선구자가 되었을까? 이는 순전히 그의 삶과 관련이 있다. 막내아들이었던 키르케고르는 아버지의 고백에 충격을 받는다. 아버지가 어린 시절 너무 춥고 배고파 신을 저주했었던 적이 있다는 사실, 키르케고르의 엄마가 사실은 우리 집의 하녀였다는 사실, 이 두 가지 고백에 키르케고르는 절망했다. 집에서 일어나는 모든 불행의 원인이 그렇게나 존경했던 아버지에게 있다는 사실에 절망했다. 이때부터 키르케고르의 삶은 그 자체가 바닥이었다. 자기도 어차피 죽을 운명이라고 생각했다. 철저한 방탕과 고독과 절망 속에서 살아가는 키르케고르. 이런 절망 속에서 키르케고르의 실존주의 철학이 싹텄다. 이런 키르케고르의 앞에 나타난 운명의 한 여인이 올젠이다. 올젠과의 사랑과 이별 속에서 키르케고르는 다시 한번 자신의 존재에 대해 절망하고 일어서고 절망하고 일어서고를 반복한다. 그러한 삶의 질곡 속에서 키르케고르의 실존주의가 탄생한 것이다. 키르케고르가 살아 있을 때는 그 누구도 그의 사상이 실존주의인지 알지 못했다. 그가 죽고 난 후 50년이 지나 니체의 실존주의가 전 세계로 퍼질 때쯤 덴마크의 한 청년이 살았던 삶과 그의 글이 새삼 조명되면서 실존주의의 선구자로 우뚝 서게 된 것이다.

다섯 번째는 소크라테스 이야기다. '너 자신을 알라.'라는 유명한 말을 남긴 소크라테스. 어느 날 아테네 신전에서 신탁이 내려진다. 이 세상에서 제일 똑똑한 사람은 소크라테스라는 신탁. 소크라테스는 좀 의아했다. 아니~ 내가 세상에서 제일 똑똑하다고? 그날 이후 소크라테스는 아테네를 헤집고 돌아다니며 자신보다 더 똑똑한 사람을 찾아 나선다. 그렇게 만난 수많은 사람들. 그러나 그들은 말은 뻔지르르하게 잘 하지만 그건 완전 말뿐이었다. 도대체 진리와는 전혀 동떨어진 말만 늘어놓는 사람들. 그래서 소크라테스가 외친다. 너 자신을 알라 라고. 너 자신의 무지를 알라는 이야기다. 완벽한 상대론을 외치는 소피스트들을 향해 외친 것이다. 그리고 이 소크라테스의 절대론은 당시 아테네의 위기 상황과 맞닿아 있다. 세상이 평화로울 때는 상대론이 판을 치게 된다. 그러나 세상이 위기에 처하면 절대론이 필요하다. 당시 아테네는 페르시아가 쳐들어와서 위기감이 팽배해졌고 이런 상황에서 절대론이 서서히 싹을 틔운 것이다.

여섯 번째는 이황과 기대승 이야기다. 소위 사단과 칠정에 관한 논쟁이다. 처음에 이황은 사단칠정에 관하여 '사단은 이의 발이고, 칠정은 기의 발이다.'라고 하였다. 이 이론에 이의를 단 사람이 기대승이다. 기대승은 이황에게 편지를 보내 '사단은 이의 발이고, 칠정은 기의 발이다.'라는 주장은 주자학의 기본 중 하나인 이와 기는 떨어질 수 없다는 이기불상리를 어긴 것입니다 라고 반박하자 이황은 오랜 논쟁 끝에 다음과 같이 자신의 이론을 수정하였다. '사단은 이가 발하면 기가 이를 따르는 것이고, 칠정은 기가 발하면 이가 그 위에 타는 것이다.' 이렇게 수정하였다. 이렇게 되면 이와 기는 떨어질 수 없다는 이기불상리를 어기지 않게 되는 것이다. 이런 논쟁에 뛰어든 사람이 이이다. 이이는 움직일 수 있는 것은 오직 기뿐이다 라고 하면서 기발이승만이 맞다고 주장하게 된다. 이렇게 사단칠정에 관한 논쟁은 중국의 성리학을 뛰어넘는 조선 성리학의 위대함이다.

일곱 번째는 성리학과 양명학 간의 논쟁이다. 여러분은 다음 둘 중에 어느 것이 맞다고 생각하시나요? 아는 것이 먼저이어야 하는가? 아는 것과 행동하는 것은 함께하는가? 굽은 소나무가 선산을 지키는 것처럼 효의 이치에 대하여 아는 것이 중요한 것이 아니라 효를 행하는 마음 그 자체가 중요하다는 것이 양명학이다. 그러나 성리학은 선지후행 즉, 아는 것이 먼저이고 그다음에 행동으로 옮겨야 한다는 입장이다. 그러나 양명학은 안다는 것이 어떤 대상에 있는 것이 아니라 우리의 마음속에 있다는 심즉리를 주장하면서 성리학의 성즉리에 맞선다. 결론적으로 성리학과 양명학 논쟁의 핵심은 지와 행이 같이 가는가 아니면 먼저 아는 것이 중요한가이다. 그렇다고 성리학이 행을 가볍게 여길 리는 만무하다. 그래서 경중을 따지자면 행이 무거운 것이요, 선후를 따지자면 지가 먼저라는 것이 성리학의 입장이다. 양명학은 이것저것 따지지 않고 지행합일이다. 둘 간의 논쟁이 또 있다. 격물치지에 격물을 해석하는 데에도 두 방향으로 나뉜다. 성리학에서는 격물 즉 물건의 이치를 탐구하는 것을 격물로 보았다. 그러나 양명학은 물건에 다가가는 우리의 마음 자세를 격물로 보았다.

여덟 번째는 스피노자의 치열한 삶이다. 그는 유대인으로 태어났다.

총명한 스피노자를 유대인 어른들은 유대인 사회의 지도자로 키우고 싶어 했다. 그러나 스피노자는 유대교의 유일신 사상에 대하여 심각한 의문을 품게 된다. 이 세상을 신이 창조했다고? 과연 그런가? 스피노자는 생각이 달랐다. 이 우주는 소위 logos라는 원리에 의해 돌아가는 기계 같은 것이 아닌가? 이 세상에 존재하는 모든 것들 속에 신이 존재하고 있는 것이 아닌가? 소위 범신론이다. 유대교의 신이 천지를 창조한 것이 아니라 모든 요소들이 죄다 신적인 것이라는 생각이다. 스피노자를 설득하던 유대인 어른들은 그를 결국 파문하고 만다. 어디를 가든 영원히 저주받을지어다 라면서. 그렇게 쫓겨난 스피노자는 지독한 가난 속에서 집필에만 몰두한다. 스피노자의 사상은 로마 교황청에게는 위험 1순위이다. 누구도 그와 토론해서 안 되며 그의 저작물은 절대 유포되어서도 안 된다. 그렇게 스피노자는 살해 위협에도 시달리면서 다락방을 전전하면서 도피 생활을 이어 간다. 그러나 그는 믿었다. 이제 신 중심의 중세는 끝이 나고 인간 중심의 세상이 도래할 것이라고.

아홉 번째는 세상을 유랑한 공자와 플라톤 이야기다. 공자도 플라톤도 자신의 정치철학을 실현하고자 이곳저곳 떠돌아다녔다. 공자는 그렇게 춘추전국시대 수많은 나라를 돌아다니면서 자신의 정치철학을 받아 줄 곳을 찾았지만 끝내 이루지 못하고 다시 노나라로 돌아와 후세 양성에 매진하게 된다. 이때가 지천명의 나이이다. 천명을 알 나이, 아 ~ 내가 이 세상에 태어나서 할 일은 제자들을 잘 키워 내는 일이라는 것을 깨닫게 된 것이다. 그렇게 공자 휘하에는 뛰어난 제자들이 엄청나다. 그 이유는 공자의 교육철학에 열쇠가 있다. 유교무류! 가르침은 있되 차별은 없다는 말이다. 그렇게 공자는 예의만 갖췄다면 신분을 따지지 않고 제자로 받아들였다. 인재시교! 학생에 따라 가르침을 달리한다는 공자의 교육철학이다. 이런 공자 아래 3천 명의 제자가 있었다. 플라톤도 지중해를 유랑했다. 소크라테스를 죽음으로 몰고 간 아테네에 더 이상 미련이 없었기 때문에 자신의 정치철학을 실현해 줄 나라를 찾아다녔다. 그러다 발견한 곳이 시칠리아 왕국이다. 여기서 플라톤은 자신의 이상국가를 실현하고자 했으나 다른 이들의 시기와 질투 속에 노예로 팔려 나간다. 가까스로 목숨을 유지한 플라톤은 다시 아테네로 돌아와 아카데미아를 세우고 후학양성에 힘을 쏟는다. 이게 세상의 이치인가 보다. 내 세대에서 무언가를 이루려 하지만 그것은 불가능하다. 그렇다면 제자를 길러 그들에게 새로운 세상을 만드는 작업을 인수인계하는 것이다.

마지막 열 번째는 철학자의 여인들을 들고 싶다. 우선 악처로 유명한 소크라테스의 아내 크산티페가 있다. 그래서 소크라테스는 말했다. 좋은 여자를 만나면 결혼을 하면 되고, 독한 여자를 만나면 철학자의 길을 가면 된다고. 하기야 돈도 안 벌어다주고 매일 맨발로 아고라 광장에 나가 토론이나 벌이는 남편에게 바가지를 안 긁는다는 것이 이상하지. 다음은 쇼펜하우어와 악연인 마르케라는 여인이다. 여인이라기 보다는 옆집 아줌마다. 독서를 좋아해 소음을 싫어하던 쇼펜하우어는 그날도 조용히 독서를 하고 있었는데 옆집 아낙네들이 얼마나 수다를 떨어대는지. 그래서 몇 번이고 조용히 좀 해달라고 했지만 모두 허사. 결국 나중에는 싸움이 되고 쇼펜하우어가 마당에 내동댕이친 여자가 마르케였다. 훗날 법정 싸움까지 번져 쇼펜하우어는 평생 동안 마르케에게 연금을 지급하라는 판결을 받아 들었다. 악연이다. 나중에 마르케가 죽자 까칠한 성격의 쇼펜하우어는 일갈했다. "늙은 년이 갔다." 실존주의 철학자인 사르트르와 하이데거에게도 연인이 있다. 사르트르는 같은 대학 캠퍼스 커플인 보부아르. 파리사범대학 수석과 차석이었다. 나중에 둘은 계약 결혼을 했다. 10년 계약 결혼이지만 평생을 같이 살았다. 맞바람도 피면서. 하이데거에게는 제자이자 연인이 있다. 한나 아렌트다. 『예루살렘의 아이히만』이라는 책에서 악의 평범성을 주장한 철학자가 아렌트다. 아렌트는 나치의 핍박을 피해 나중에는 미국에서 홀로 살았다. 80 평생을 독신으로 산 철학자 칸트도 여인들에게는 인기가 많았다고 한다. 니체의 짝사랑 연인 루 살로메, 존 스튜어트의 사랑 해리어트 테일러, 마르크스의 악필을 고쳐주던 연상의 여인 레니 등등 철학자들을 스쳐간 여인들이 많다. 철학이냐 사랑이냐 그것이 문제로다.

## 사람은 공간을 만들고 공간은 사람을 만든다

어린 시절 소꿉놀이하던 여자친구와 아주 조그마한 공간에서 알콩달콩 사연을 나눈 스토리가 누구에게나 있다. 그 심장 뛰던 공간은 두 꼬마에게는 성지다. 그 공간 속에서 모든 인간관계의 법칙을 배운다. 그 공간 속에서 사람이 만들어지는 것이다. 지능이 발달하고 성격이 형성되고 사회성이 발달하고 사랑이 싹트고 배신을 당하고 그리워하고 애태워하고 등등 희노애락애오욕 모든 감정을 경험하는 공간이다. 그 시절을 지나 초등학교 때 나만의 공간, 중학교 때 나만의 공간, 고등학교 때 나만의 공간도 항상 존재한다. 그 공간 속에서 우리는 성장해 왔다. 공간이 우리에게 가지는 의미다. 이 얼마나 중요하고 거룩한가? 건축학도가 되어 인류가 만들어 낸 그 수많은 공간을 연구하며 느끼는 희열은 남다를 것 같다. 이렇게 공간과 사람은 떼려야 뗄 수 없는 관계이다. 구석기 시대의 공간은 동굴이었다. 그러던 인류가 농사짓는 법을 개발하여 움막이라는 공간을 짓게 된다. 인류의 역사는 공간의 역사이다. 공간을 개발하는 자가 역사를 움직여 왔다. 역사를 이끌어 온 자들이 새로운 공간을 만들어 냈다. 21세기의 공간은 오프라인만이 아니다. 가상공간이라는 것이 생겨났다. 어쩌면 우리는 우리가 만들어

낸 가상공간 속에서 새로운 인격을 형성해 가고 있는지도 모른다. 사람은 공간을 만들고 그렇게 만들어진 공간 속에서 우리가 만들어진다.

하루 열 줄 이상 글쓰기

## 유퀴즈 온 더 블록

우리는 보통 사람들의 이야기에 열광한다. 착하게 살아가는 보통 사람들의 이야기, 신기하게 살아가는 보통 사람들의 이야기, 보통 사람들은 경험하지 못하는 보통 사람들의 이야기에 우리는 흠뻑 빠진다. 그것이 「유퀴즈 온 더 블록」의 존재 이유였다. 그런데 요즘 「유퀴즈 온 더 블록」이 달라졌다. 가끔 유명 연예인이 가뭄에 콩 나듯 나올 때는 아 그럴 수도 있겠구나, 아하! 연예인도 보통 사람 중 하나지~ 이렇게 생각했다. 그런데 요즘에는 가뭄에 콩 나듯이가 아니라 아예 수시로 콩이 나온다. 가수가 앨범을 내면 나오고, 배우가 영화를 찍으면 나오고 완전 홍보를 위한 사전 작업으로 유퀴즈에 출연한다. 심지어는 정치인도 유퀴즈를 이용한다. 이러다 보니 처음에 순수했던 유퀴즈의 초심이 사라지는 건 아닌지 걱정된다. 옛날에 「주부가요열창」이 있었다. 초창기 순박한 주부들이 나와 가요를 열창하는 것에 사람들은 완전 빠져들었다. 매주 설거지를 하던 주부들이 무대에 나와 노래를 부르면 너무나도 신기해하면서 손뼉을 쳤다. 그런데 「주부가요열창」은 망했다. 왜냐하면 인기를 끄니까 여기저기 치장을 하기 시작했다. 「주부가요열창」에 나온 주부들은 더 이상 주부가 아니었다. 완전 가수 뺨치는 외모에 치장에 노래에 율동에. 사람들은 이건 아니다 라고 생각하며 채널을 하나둘 돌렸다. 그렇게 「주부가요열창」은 시청률 바닥에 명맥을 유지하다가 자막 너머로 사라졌다. 어떤 프로그램이든, 사업이든, 장사든 초심을 잃어버리면 망한다. 장사 좀 잘된다고 인테리어를 싹 뜯어고치면 손님이 안 온다. 이게 세상의 이치다.

하루 열 줄 이상 글쓰기

## 자영업자들에게 고함

"고기 너무 많이 드시는 거 아니에요?" 내가 자주 다니던 삼겹살집 주인이 나에게 한 말이다. 하루가 멀다 하고 그 삼겹살집을 드나들다 보니 사장님께서 안쓰러웠는지 나에게 건넨 위로의 말이다. 그러나 손님은 간사하다. 내 사생활이 들키는 순간 그 집 가기가 꺼려진다. 오늘도 삼겹살을 먹고 싶은데 사장님 눈치가 보인다. 마치 며느리가 시어머니

눈치 보면서 밥을 먹는 느낌이다. 그러면 그 집에 안 가게 된다. 실제로 사장님의 그 소리를 듣고 그 후로 그 삼겹살집을 가지 않았다. 그 삼겹살집은 주인이 바뀌더니 또 바뀌고 바뀌어 지금은 족발집으로 변해 있다. 정우농장이라는 고깃집이 있었다. 개업을 하고 초기에 그 집에서 형제들이랑 회식을 하면서 고기가 너무 맛있어 감탄했다. 더군다나 양파소주 오이소주랑 곁들이니 삼겹살이 더욱 짱이었다. 나는 그 당시 테니스 동호회 총무였기 때문에 그 집에서 매월 동호회 회식을 다했다. 그랬더니 테니스 동호회 회원들도 자기들 직장 동료들을 데리고 정우농장에서 또 회식에 회식. 나도 서울에서 동생들이 내려오면 무조건 정우농장에서 회식. 그렇게 한 5년간 정우농장은 위치도 좁은 골목 안에 있었지만 대박에 대박을 쳤다. 심지어 사장님께서는 내 집을 어떻게 알았는지 명절에 과일 박스를 들고 찾아오기도 했다. 그런데 어느 날 정우농장을 갔더니 개미가 보였다. 나는 아차 싶었다. 초심을 잃으셨나? 개미 한 마리에 손님은 무엇을 느낄까? 아! 이 집 청결에 문제가 있구나 라고 느낀다. 개미 한 마리 때문에 음식의 맛이 사라진다. 그 이후로 정우농장 가는 일이 뜸해졌다. 아니 끊게 되었다. 사장님한테는 미안하지만 모든 건 기분인 것이다. 정우농장은 1년 후 문을 닫았다.

# 소는 누가 키우나

세상에는 두 종류의 사람이 있다. 관에 들어갈 사람들과 관에 들어간 사람들. 관에 들어갈 사람들은 보통 사람이다. 관에 들어간 사람들은 사무관, 주무관, 이사관 등 넘쳐 난다. 사람이 관에 들어가는 순간 뇌는 썩는다. 관 속에서 무슨 생각의 확장이 이루어질 것이며 창의적인 사고를 할 수 있겠는가? 그냥 관에 박힌 대로, 작년에 해 왔던 대로, 옆 관 눈치 보면서 주어진 일을 처리할 뿐이다. 거기에 창의성이 발붙일 곳은 한 톨도 없다. 아니, 창의적으로 일을 처리했다가는 온통 덤터기를 쓸 수도 있다. 그러기에 복지부동이다. 그냥 세월만 보내는 게 목적이다. 그래야 호봉도 올라가고 연금을 타는 데 걸림돌이 되지 않기 때문이다. 그런 상태에서 뇌는 썩는다. 그러나 관에 들어갈 사람들은 다르다. 한날한시라도 긴장을 늦추어서는 안 된다. 언제라도 도태될 수 있기 때문에 뇌는 항상 빠릿빠릿하게 돌아간다. 뇌가 돌아가는 만큼 그의 잠재 능력은 무한대로 펼쳐진다. 관에 들어간 사람들은 마치 목줄에 매달린 강아지처럼 주인이 주는 먹이를 월급 삼아 평안 속에 지낸다. 그렇게 인생을 마친다. 그리고는 외친다. 인생의 목적은 행복이다. 그런데 가만 생각해 보면 이건 행복이 아니라 안주다. 그 안주 속에서 살다가 인생을 마감하는 것이다. 이런 사람들에게 역사는 없다. 그냥 역사에 실려 가는 한낱 낙엽일 뿐이다. 그러나 관에 들어갈 사람들은 다르다. 끊임없이 뇌는 돌아간다. 마치 전쟁터 속에서 각개전투하는 병사처럼 치열한 삶을 살 수밖에 없다. 그러다 죽을 수도 있지만 그러한 삶 자체가 진정한 삶이다. 피할 수 없으면 즐겨라 라는 단순한 명언을 들먹이지 않아도 적어도 한번뿐인 인생 어떻게 살 것인지는 당신 손에 달려 있다.

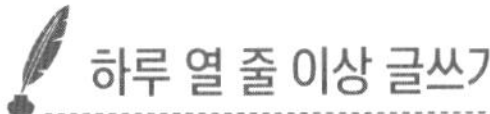


## 우리 몸의 상생 구조

우리 몸은 유기체이다. 우리 몸은 각종 장기들이 서로를 도아주는 상생의 관계에 있다. 상생 관계인 것을 하나하나 살펴보면 다음과 같다. 일단 위장은 폐를 도와준다. 따라서 폐가 안 좋은 사람은 위장을 튼튼히 해 주면 효과가 있다. 젊은 날 나는 폐가 안 좋았다. 그러나 위장을 튼튼히 하는 소화법을 실천한 이후로 폐도 좋아졌다. 위장에서 소화가 잘되면 대장을 도와주는 것은 말할 필요도 없다. 이렇게 위장의 도움을 받은 폐와 대장은 신장과 방광을 도와준다. 대장에서 수분 섭취가 잘 이루어져야 신장과 방광이 튼튼해진다는 사실은 너무나 당연하다. 물을 많이 먹는 것이 중요한 것이 아니라 수분 섭취를 대장에서 해 주어야 신장과 방광이 제 역할을 하면서 우리 몸이 건강해진다는 사실을 명심하자. 폐 또한 신장과 방광을 활성화시킨다. 폐로 크게 심호흡을 하면 오줌이 마려워 오는 현상을 느낄 수 있는데 바로 폐가 활성화되면서 방광과 신장이 활동을 왕성하게 하는 것이다. 이렇게 폐와 대장의 도움을 받은 신장과 방광은 간에 도움을 준다. 신장과 방광은 우리 몸의 노폐물을 쫙쫙 빼 주는 역할을 한다. 이 노폐물을 1차적으로 거르는 곳이 간이다. 따라서 신장과 방광에서 노폐물이 쌓이지 않게 밖으로 신속히 빼 주면 간에 노폐물이 쌓일 틈이 없어지는 것이다. 이렇게 도움을 받은 간과 담은 다시 심장과 소장에 도움을 준다. 간은 당연히 맑은 피를 심장에 공급하게 되니 심장이 힘차게 박동하는 이치이다. 담에서 나온 즙이 소장에 영향을 주는 것은 너무나 당연하다. 이렇게 도움을 받은 심장과 소장은 다시 위장과 이자에 도움을 준다. 심장의 힘찬 박동으로 피가 잘 통하면 소화가 잘되는 것은 너무나 당연하다. 이렇게 위에서부터 한 바퀴 돌며 우리 몸은 서로 윈윈 하며 상생하는 구조이다.

# 오늘의 끄적거림

사람이 가장 창의적인 순간은 빈둥거릴 때이다. 태어나서 일생을 살면서 피라미드 돌 서너 개 옮기고 죽은 사람들에게서 창의적인 생각이 나올 리 없다. 그냥 빈둥거리면서 코를 후비던 사람들이 이렇게도 해 볼까? 저렇게도 해 볼까? 라는 생각 속에서 인류 문명은 발전해 왔다.

구름은 택배. 구름은 태양 에너지를 이리저리 옮기는 택배상자이다.

인간의 몸은 돌이 아니다. 무생물은 에너지가 들락날락거리지 않는다. 그러나 몸은 다르다. 에너지가 들고 난다.

온도 차이가 창조를 만든다. 고인 물은 썩는다. 계급 갈등이 인류 역사를 만들어 왔다. 정체된 오늘날의 대한민국에 미래는 없다.

밀농사와 벼농사의 결정적인 차이는 강수량 연 1000mm 이상이냐 이하냐이다. 이상이면 벼농사, 이하면 밀농사이다. 벼농사를 하기 위해서는 치수 사업이 필요했다. 바로 문명의 발상지이다. 벼농사는 집단으로 모여서 해야 하지만 밀농사는 개인 혼자서도 가능하다.

비가 적게 오는 서양에서는 단단한 벽돌로 건물을 지었다. 비가 많이 오는 동양에서는 가벼운 나무로 집을 지었다.

동로마 제국이 오스만튀르크에게 멸망당하자 그 지역에 살던 뛰어난 수학자 과학자들이 유럽으로 망명하여 유럽의 근대를 열었다. 마찬가지로 히틀러의 유대인 탄압을 피해 대규모의 유대인이 미국으로 이주하여 오늘의 미국 번영을 이루었다.

Simple is the best

설명은 간단할수록 좋다. 오컴의 면도날이다.

하나의 공식으로 모든 현상을 설명할 수 있다면 그것이 최상이다. 만유인력의 법칙 하나로 야구공의 움직임이나 행성의 움직임도 다 설명이 된다.

# 중독된 모든 것을 끊어라

그것이 술이 되었든 운동이 되었든 책이 되었든 사랑이 되었든 중독되어 있다면 멀리할 필요가 있다. 중독[11)]은 사람의 심신을 다치게 한다. 술은 간을 허약하게 만들고 운동은 관절을 약하게 만들고 책은 신경을 쇠약하게 만들고 사랑은 마음에 상처로 남을 수도 있다. 중독되어 있다면 한발 멀리서 바라볼 필요가 있다. 그래도 이러한 것들은 그나마 낫다고 할 수 있다. 주식 중독, 코인 중독, 마약 중독, 도박 중독 같은 것은 병이다. 병은 전문적인 치료가 필요하다. 자신의 의지로 멀리할 수 없는 중독들이다. 하여튼 우리는 일생을 살면서 그 어떤 것에도 중독되지 않으려고 노력해야 한다. 나는 요즘 개 목걸이를 하나 하고 다닌다. 바로 만보기이다. 하루 만보를 걸으려고 노력하고 또 노력한다. 완전 만보기 중독이다. 만보만 걸으면 모든 게 만사형통인가? 전혀 그렇지 않다. 그런데 이상한 버릇이 생겼다. 만보를 걷지 않으면 그날 저녁 몸이 찌뿌둥하다는 것이다. 중독 증세가 따로 없다. 내일부터는

아침부터 아예 만보기를 차지 않고 출근해야겠다.

하루 열 줄 이상 글쓰기

## 라떼 세대가 MZ 세대에게

나 땐 말이야 라고 시작하면 꼰대라고 비난한다. 그런 꼰대가 바로 나다. 우리 때는 이랬는데 라는 말을 자주 하지는 않지만 기본이라는 것이 있는 법인데 이를 무시하는 MZ 세대에게 할 말이 많다. MZ 세대님들 우리 함께 생각해 볼까요? 일단 가족. 가족의 기본의 무엇인가요? 서로 허물없이 대화하고 챙겨 주는 것이 가족 아닌가요? 대부분의 MZ 세대들은 다 이렇게 합니다. 그러나 이렇게 하지 못하는 MZ 세대 젊은 이들이 자신의 허물을 덮고자 꼰대 소리라고 하며 스스로 위안을 삼는 거지요. 직장은 또 어떤가요? 직장이란 공동의 문제를 함께 풀어 가는 조직이에요. 그러나 나만 편하면 된다는 식이 되면 그 직장은 파편화되는 것이죠. 직장에 목숨을 걸라는 말은 아니지만 적어도 나만의 워라벨을 위해 직장쯤은 수단에 불과하다는 논리는 악순환을 만들 뿐입니다. 직장 내 모든 구성원이 이렇게 생각하면 가장 말단 사원만 죽어나는 문화로 바뀌죠. 그래서 더 개인주의화되고 직장이 스트레스의 온상이 되는 거죠. 친구. 친구끼리는 좀 손해를 보더라도 함께 손잡고 가는 것이 인생이지요. 이렇게 가족이 되었든 직장이 되었든 친구가 되었든 내가 좀 손해를 보더라도 배려하는 마음으로 다가갈 때 부드러운 관계가 유지될 것입니다. 꼰대라고 하기 전에 스스로를 먼저 돌아보면 어떨까요?

하루 열 줄 이상 글쓰기

## 남자들은 왜 채널을 돌릴까?

리모콘을 쥔 남자들은 채널을 이리저리 계속 돌린다. 어느 강사 말에 의하면 예쁜 여자를 찾기 위한 행동이라고 한다. 농담인지 진담인지 맞는 말인지도 모르겠다. 남자들이 채널을 계속 돌리는 이유는 남자들의 DNA와 관련이 있다. 우리의 DNA는 언제 형성되었다고 생각하는가? 현재와 같은 두뇌 크기의 현생 인류 탄생은 네안데르탈인이다. 약 50만 년 전이다. 인류와 가장 유사한 호모 사피엔스사피엔스인 크로마뇽인도 5만 년 전에 출현했다. 자 그렇다면 이 구석기시대 우리의 조상들이 우리의 현재 DNA를 만들었다고 봐도 무방하다. 왜냐하면 그 어마어마하게 긴 선사시대 세월 동안 형성된 DNA에 비하면 인류의 역사시대는 갓 몇 천 년에 불과할 정도로 짧다. 구석기 시대 남자들은 어떻게 활동했을까? 수렵 채집을 하면서 살았으니 수시로 변화하는 환경에 적응하는 파노라마형 인간으로 살았을 것이다. 하루도 바람 잘 날 없는 그런 인생이었을 것이다. 어느 날은 맹수의 습격으로부터 자신과 가족을 지켰을 것이고, 어느 날은 자연재해로부터 자신과 가족을 지켜야 했을 것이다. 생각만 해도 극한 상황의 연속이라고 할 수 있다. 이런 극한 속에서 살아남은 존재가 인류다. 그리고 남자다. 이 DNA가 남자들의 몸속에 뼛속 깊이 녹아 있기 때문에 그들은 오늘도 채널을 돌린다.

### 하루 열 줄 이상 글쓰기

## 지방간

음식은 우리 몸에 어떻게 작용할까요? 일단 음식을 먹으면 위에서 소화를 시킨 다음 장으로 내려보냅니다. 그러면 장에 달라붙어 있는 수많은 혈관들이 영양분을 빨아들여 일단 모두 간으로 갑니다. 그런 다음 간에서 분류 작업을 합니다. 어떤 영양소는 심장으로 보내지만 어떤 것은 간이 일단 끌어안습니다. 왜냐하면 몸속으로 퍼지면 안 되는 독성 물질이 많아지면 간은 그 물질을 지방의 형태로 끌어안습니다. 이런 것이 반복되면 지방간으로 발전하는 것입니다. 술을 많이 먹으면 지방간이 된다고 우리는 대부분 그렇게 알고 있습니다. 그러나 술을 마시지 않는 여성들이나 어린 학생들에게도 지방간이 많습니다. 이유가 무엇일까요? 정답은 달달한 음식에 있습니다. 우리는 오후 3시만 되면 당이 땡긴다는 말을 자주 합니다. 그러면서 달달한 봉지 커피를 타서 한 잔 마시면서 행복감에 빠집니다. 그런데 이런 당분이 들어오면 순간적인 혈당 상승으로 힘은 나지만 우리 몸속 간에서는 당이 많아지니 이 당을 지방의 형태로 끌어안아 지방간이 되는 것입니다. 핸드백 속의 초코바가 지방간을 만듭니다.

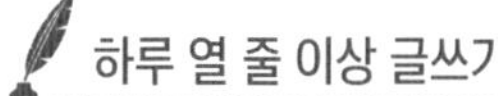

## 내면의 손가락질을 잘라 버려라

우리를 비참하게 하는 건 다른 사람이 아니다. 우리를 비참하게 하는 건 외부환경이나 조건이 아니다. 우리가 진짜 비참해지는 건 스스로 주눅 들 때이다. IMF가 터져 수많은 직장인들이 해고되었을 때 그걸 딛고 일어난 사람들은 다음 날부터 백을 둘러메고 등산을 하면서 호연지기를 키운 사람들이다. 라떼만을 외치며 소주잔을 기울인 사람들은 재기에 죄다 실패했다. 삶이란 이런 것이다. 인생은 정답이 없다고 들 말하지만 그 외통수 정답은 자기 자신에게 있다. 자기 스스로를 비하하는 내면의 목소리는 볼륨을 제로로 만들어야 한다. 자기 스스로에게 너는 안 될 거야라고 하는 손가락이 있다면 잘라 버려야 한다. 우리는 긍정의 마인드가 모든 일을 성공으로 이끈다는 것을 다 알고 있다. 그렇다면 해결책은 간단하다. 끊임없이 자기 자신에게 긍정의 에너지를 불어넣어 주면 된다. 잘될 거야! 잘하고 있어! 라는 긍정의 에너지를 불어 넣고 얼굴에 미소를 띠면 된다. 간단한 성공의 법칙이다.

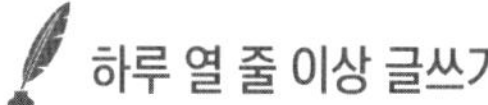


# 후견지명 효과

세상이 깜짝 놀랄 일을 접하고도 '내 그럴 줄 알았지'라고 하면서 별로 놀라워하지 않는 현상을 후견지명 효과라고 한다. 이러한 현상은 동양인에게서 많이 나타나는데 특히 우리 한국인들에게 이런 현상이 많이 나타난다. 최근 일어난 이태원 참사에 대해서도 거 봐 내가 그럴 줄 알았지 라고 하면서 혀를 끌끌 차는 수준으로 생각하고 마는 것이다. 왜 우리 사회는 이렇게 되었을까? 왜 사람들은 공감 능력이 떨어졌을까? 두 가지가 생각난다. 하나는 대한민국 지도층들이 한결같이 막

돼먹어서 그렇다. 보수든 진보든 썩지 않은 데가 없다. 그러니 사람들이 우리 사회 전체를 그냥 매도해 버리고 마는 것이다. 또 다른 하나는 교육이다. 끝이 안 보이는 경쟁으로 내몰리는 교육 시스템이 학생들을 어릴 때부터 사지로 내몬다. 피 말리는 경쟁 속에 남을 배려해야 하는 공감의식이 싹틀 여지는 줄어든다.

하루 열 줄 이상 글쓰기

## 구휼 식량

고구마 퉁가리라고 들어보셨나요? 옛날 시골에서 아랫목이 아니라 반대편 윗목에 싸리까지로 커다란 공간을 만들어 놓고 거기에 고구마를 잔뜩 담아 두었지요. 이 고구마는 겨울 내내 비상식량 역할을 했습니다. 쌀과 보리가 떨어졌을 때 가마솥에 고구마를 쪄서 밥 대신 먹었습니다. 그날 밥상에는 가운데 대소쿠리에 고구마를 수북이 쌓아 놓고 그 옆에는 동치미 한 사발이 있었습니다. 식구들은 동그란 쟁반 모양 식탁에 둘러앉아 고구마를 하나씩 들고 껍질을 살살 벗겨 가면서 식사를 했지요. 고구마를 먹다가 목이 메면 각자 숟가락으로 동치미를 떠먹었습니다. 동치미에 고구마를 배불리 먹을 수 있다는 것만으로도 우리

집은 행복한 집이라고 생각했습니다. 이렇게 고구마는 겨울철에 가족의 배고픔을 해결하는 구휼식량이었습니다. 고구마의 사촌은 감자입니다. 감자는 여름철에 납니다. 그래서 여름에는 또 감자로 끼니를 때웠습니다. 함탱이에 감자를 잔뜩 넣고 감자를 긁는 일이 나는 너무 지겨웠습니다. 감자가 동그랗기 때문에 감자 긁는 낡은 숟갈도 있었습니다. 절반쯤 닳아서 반달 모양의 숟가락이었지요. 감자 한 함탱이를 긁으려면 한 시간은 걸립니다. 그렇게 긁어 온 감자를 어머니가 가마솥에 넣고 불을 때며 감자를 찝니다. 감자가 가마솥에 약간 눌러 앉을 때까지 불을 땝니다. 아마 그 기술은 신기에 가까울 것입니다. 커다란 가마솥에 감자를 익히기 위해서 물을 얼마만큼 부어야 하는지 그리고 불은 얼마나 조절해 가면서 때야 하는지 우리는 알기 어려웠습니다. 아무튼 감자와 고구마는 어릴 적 주린 배를 채워 주는 고마운 식량이었습니다.

하루 열 줄 이상 글쓰기

## 북한과 잘 통하는 건 진보정권일까 보수정권일까?

답은 정해져 있다고 생각할 것이다. 당연히 진보정권이 북한과 잘 통하지 보수정권이 북한과 잘 통하겠어? 그러나 가만히 생각해 보면 이심전심 서로의 가려운 곳을 긁어 주는 남북한인데 이걸 잘 이용하는 게 대한민국 보수정권이다. 소위 북풍이다. 2022년 10월 29일 이태원 참사가 나고 3일 지나 북한은 울릉도 옆 바다에 미사일을 10개나 퍼부었다. 북한 메뉴얼에도 없는 일이었다. 왜냐하면 15일 전 동해상으로 태평양으로 무력시위를 완벽하게 마친 상태였기 때문이다. 한미일 연합훈련에 대응한 북한의 작전이었던 것이다. 당연히 미국, 일본, 우리나라 할 것 없이 북한을 일제히 규탄하며 북한의 어깨를 으쓱하게 만들었던 사건이다. 그런데 며칠 전 느닷없이 울릉도 인근 바다로 미사일 열 발을 쏜다는 건 아무래도 수상쩍다. 지금 남한은 국민 애도 기간이다. 아무리 도발이 그리워도 상대방이 현재 초상집 분위기인데 거기다 대고 총을 쏘는 파렴치는 없다. 북한이 파렴치 같은 행동을 자주 한 건 안다. 그러나 이번은 좀 다르다. 언론은 일제히 울릉도 포격의 문제점을 들고 일어난다. 국방부 대변인은 이번만은 다를 것이라고 엄포를 논다. 국민의 시선은 분산된다. 누가 누구를 도와주는 것일까? 이렇게 보수정권과 북한은 이심전심이다. 오늘이 2023년 11월 22일이다. 바로 어제 북한이 군사정찰위성을 기습 발사한 데 대한 댓가로 9.19 군사합의 효력 정지를 대통령이 재가했다. 다음 날 북한은 한 술 더떠 9.19 군사합의 자체 무효를 선언해 버렸다. 내년이 총선인데 북풍이 서서히 분다.

사실 지난 시절 북한 정권은 월가의 투자자들과 짜고 남한의 돈을 흡혈귀처럼 빨아 먹었다. 남한에는 증권시장이 열린다. 이 증권시장은 북한에서 총 한 발만 쏘면 대번에 하한가로 곤두박질친 게 한두 번이 아니다. 월가 놈들은 북한과 짜고 우리가 언제 언제 총을 쏠 테니 너희들은 미리미리 공매도를 해 두어라. 그러고는 디데이 날 총을 쏘면 우리 증시는 하한가 직행! 그다음 날 월가 놈들은 떨어진 주식들을 줍줍하며 막대한 수익을 챙기고 북한과 5:5로 나눈다. 요즘에는 이게 안 먹힌다. 거꾸로 북한이 도발하면 뭐지? 지금 도발할 타이밍이 아닌데? 하면서 주식을 개미들이 산다. 그래서 북한의 고민이 많다.

하루 열 줄 이상 글쓰기

## 그 나물에 그 밥

옛날에 거지들이 먹던 밥이 그 나물에 그 밥이다. 장도 소금도 없어 그냥 간을 하지 못한 채 먹던 음식이 그 나물에 그 밥인 것이다. 우리는 살면서 이러한 경험을 많이 한다. 그런데 이 그 나물에 그 밥을 눈치 채지 못할 뿐이다. 특히 정치가 그렇다. 정치하는 작자들은 자기들이 엄청 대단한 일을 하는 것처럼 떠벌린다. 그래야 국민들이 우러러보기 때문이다. 국민들의 고통은 다른 곳에 있는데 그 고통을 어루만지다 보면 민란이 일어나기 때문에 다른 이야깃거리로 관심을 돌린다. 누가 잡혀가고 누가 감옥에 가고 이런 건 국민들의 고통하고는 전혀 상관이 없는 뉴스다. 그런데 언론은 이 이야기로 도배된다. 국민들은 자신들의 고통을 이야기할 여지를 찾지 못한다. 마치 바람피고 온 남편이 집에 들어서자 마자 회사 부장 욕을 엄청해대며 회사를 때려치우겠다고 고래고래 소리지르는 것과 똑같다. 하루 종일 남편을 기다리던 아내는 남편놈이 소리지르는 통에 애정 표현은 물 건너갔다. 국민들 모습이 이렇다. 진짜 자기들의 고충은 다른데 있는데 정치하는 작자들이 여당과 야당이 짜고 지네들 플레이만 하니 국민들이 하소연할 여지가 없는 것이다. 완전 그 나물에 그 밥이다. 여당이든 야당이든 죄다 국민들을 개*지로 보는 그 나물에 그 밥인 것이다.

하루 열 줄 이상 글쓰기

## 버클을 만져 보세요

가끔 오후 시간에 자신의 혁대 앞에 달려 있는 버클을 만져 보세요. 버클은 대부분 쇠로 되어 있는데 이 버클이 따뜻하다면 당신은 건강하다는 증거입니다. 왜냐하면 버클이 따뜻하다는 것은 당신의 아랫배가 따뜻하다는 증거입니다. 아랫배가 따뜻하다는 것은 소화가 잘되어 장

운동이 활발하기 때문에 아랫배가 따뜻한 것입니다. 건강하게 살기 위해서는 아랫배가 따뜻해야 합니다. 그래야 혈액순환이 잘되어 몸속 구석구석까지 혈액이 잘 돌아 우리 몸속 구석구석까지 영양소와 산소를 공급해 주기 때문입니다. 우리 몸에서 장은 보일러 역할을 하는 기관입니다. 보일러가 잘 돌아가야 집 안이 따뜻한 것처럼 우리 몸에서 장이 활발하게 운동을 해야 열이 나면서 손발이 따뜻해지는 것입니다. 그러면 결론은 간단합니다. 장 운동을 잘하게끔 음식을 먹어 주면 됩니다. 장 운동에 좋은 음식을 찾아서 드시면 건강 관리는 그걸로 끝입니다. 장 운동에 좋은 음식은 무엇이 있을까요?

### 하루 열 줄 이상 글쓰기

## 지방세포의 비밀

우리 몸속에는 지방세포라는 놈이 있습니다. 얘는 우리 몸에 안 좋은 노폐물이 들어오면 이 노폐물이 우리 몸속을 헤집고 돌아다니지 못하도록 지방세포 안에 가둡니다. 그런데 이 노폐물이 자꾸자꾸 몸에 들어오면 지방세포는 우리 몸을 보호하기 위해 노폐물을 자꾸자꾸 가두면서 세포가 커집니다. 이게 살이 찌는 이유입니다. 따라서 노폐물이 우리 몸에 들어오지 않도록 식사를 하면 살이 찔 이유가 없습니다. 살이 찌는 이유는 우리가 정크푸드에 손을 대기 때문입니다. 우리가 음식을 먹는 이유는 무엇일까요? 힘을 내기 위해서입니다. 정크푸드는 순간적으로 힘을 내는 악마의 힘을 가진 음식입니다. 엄마 집밥은 하루 종일 평탄하게 힘을 낸다면 정크푸드는 순간적으로 혈당을 높여 힘을 내고 기분을 좋게 만듭니다. 이렇기 때문에 자꾸자꾸 정크푸드의 늪에 빠지는 것입니다. 오늘부터라도 엄마 집밥으로 규칙적인 식사를 하면 비만으로부터 탈출할 것입니다.

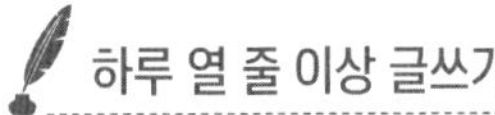


## 르네상스 시대 세 명의 천재들

21세기가 시작된 지 20여 년이 흘렀다. 21세기의 천재로는 누구를 꼽을 수 있을까? 아직 1/5밖에 지나지 않았기 때문에 요원한 이야기일 것이다. 천재는 한 세기에 한 명씩 나온다고 한다. 그런데 이렇게 한 세기에 한 명 나올까 말까 한 천재들이 한꺼번에 출현한 시기가 있었다. 바로 르네상스 시기다. 그 세 명은 바로 라파엘로, 미켈란젤로, 레오나르도 다빈치다. 각각 태어난 년도가 1483년, 1475년, 1452년이다. 거의 같은 시기에 활동한 천재들이다. 바야흐로 신 중심의 중세에서 인간 중심의 근대로 넘어가는 길목에 태어나 인류사에 큰 업적을 남긴 예술가들이다. 라파엘로 하면「아테네 학당」[12]이 떠오른다. 바티칸 궁전 서명의 방에 그려져 있다. 고대 그리스 철학자들이 몽땅 등장한다.「아테네 학당」그림을 보면 라파엘로의 인문학적 소양을 느낄 수 있다. 단적으로 그림 중앙에 서 있는 플라톤과 아리스토텔레스가 입은 옷 색깔만 보아도 라파엘로가 왜 그 색깔로 그렸는지 이해가 된다. 플라톤이 입은 붉은색 옷은 불을 상징하고, 아리스토텔레스가 입은 푸른색 옷은 물을 상징한다. 불은 위로 올라가고 물은 아래로 흐른다. 플라톤은 철학은 위에 있는 이데아를 향하고, 아리스토텔레스의 철학은 아래에 있는 현실을 중시한다. 플라톤은 왼손에 우주론인 티마이오스를 들고 있고, 아리스토텔레스는 현실을 이야기 한 니코마코스 윤리학을 들고 있다. 다음은 미켈란젤로. 미켈란젤로의 압권 작품은 당연 다비드 상이다. 르네상스 시대를 대표하는 아이콘이다. 또 하나는 교황의 부탁을 받고 그린 시스티나 성당의 천장화「천지창조」다. 미켈란젤로의 실력을 질투하던 동료 화가가 그를 곤란에 빠트리려고 벌인 일이었지만 미켈란젤로는 각고의 노력으로「천지창조」를 완성해 낸다. 다음은 못하는 게 없는 다빈치다.「모나리자」와「최후의 만찬」을 그린 화가일 뿐만 아니라 비행

기 설계 도면을 그리기도 했고 의사보다 정확히 인체해부도를 그리기도 하였다. 이 세 명의 천재를 보면서 오늘날 우리가 강조하는 융합의 시대를 떠올려 본다. 한 우물만 파던 시대는 지났다. 그런 인재는 산업역군이 필요한 시절에는 먹혔다. 그러나 지금은 넓고 깊게 파는 사람이 필요하다. 아니 다시 말해 깊게 팔려면 일단 넓게 파기 시작해야 한다는 것이다. 21세기가 필요로 하는 인재를 만들려면 일단 아이들에게 수많은 경험을 하도록 해야 한다. 그것이 융합이고 통섭이다.

## 초두 효과

논술 시험에서 채점을 할 때 첫 문단 첫 세 줄이 승패를 결정한다는 것이 초두효과이다. 그런데 이 초두효과는 글에서만 나타나는 게 아니다. 일상 모든 일에서 나타난다. 면접은 어떨까? 아마 글보다 더 첫인상의 강렬함이 면접의 승패를 좌우할 것이다. 그래서 면접에서 초반의 바디랭귀지가 중요하다. 근데 이 바디랭귀지는 몸에 배어야 자연스럽게 묻어 나오는 것이다. 면접을 잘 보기 위해서는 평소에 예의 바른 행동거지를 몸에 익혀야 한다. 행동거지 이야기가 나와서 선비들이 몸에 익힌 구용(九容)을 말해 본다. 우리 몸의 아홉 가지를 신중하게 행동하라는 것이다. 발걸음은 무겁게, 손은 공손하게, 머리는 바르게, 안면은 온화하게, 목소리는 엄숙하게, 숨소리는 고르게, 눈은 단정하게, 입은 멈추듯이, 서 있는 것은 덕스럽게 이 아홉 가지가 구용이다. 이러한 행동거지를 평소에 생활화한다면 면접에서 첫인상을 좋게 심어 주는 효과가 나타날 것이다. 이 구용은 『예기』에 나온다. 구용과 대비되는 구사(九思)도 있다. 공자님 말씀으로 『논어』에 나온다. 우리의 생각이 어떠해야 하는가를 가르치는 내용이다. 볼 때는 밝게, 들을 때는 총명하게, 안색은 온순하게, 모양은 공손히, 말할 때는 정성껏, 일할 때는 경건하게, 의심날 때는 질문할 것, 화가 날 때는 분란을 생각하고, 재물이 생기면 의로움을 생각하라는 것이 구사이다. 구용과 구사를 생활화하자.

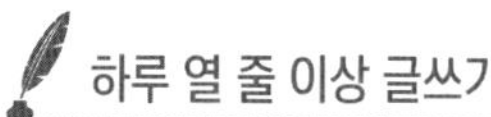


## 미모는 왜 평준화될까?

20대 때 못생긴 여자도 40대가 되면 준수한 외모가 된다. 이유는 뭘까? 40대가 되면 미모가 평준화되기 때문이다. 평준화된다는 건 젊은 날에 미모가 최고였던 사람은 40대가 되면서 약간 시들해진다는 것이고 젊은 날에 미모가 별로였던 사람이 40대가 되면서 수수한 아름다움으로 수렴한다는 것이다. 그래서 결국은 둘 간의 차이가 별로 없어지면서 미모의 평준화가 이루어지는 것이다. 세상의 모든 이치가 다 그렇다. 나는 젊은 날에 운동이 젬병이었다. 축구면 축구, 농구면 농구 완전 루저였다. 그런데 나이가 들어 골프를 치면서 동호회에서 우승을 많이 하는 수준이 되었다. 이유가 뭘까? 사람마다 잘하는 운동이 있다. 축구와 농구는 움직이는 공을 다루는 운동이다. 테니스도 그렇다. 에너지가 충만한 공을 다루는 운동이다. 나는 이런 공을 잘 못 다룬다. 그러나 골프는 그렇지 않다. 에너지가 제로인 공을 어떻게든 쳐서 보내야 하는 운동이다. 당구도 마찬가지이다. 정지해 있는 공을 치는 운동이다. 볼링도 그렇다. 정지된 공을 내가 던져서 굴리는 운동이다. 나는 당구 400이다. 볼링은 애버리지 150 정도이다. 골프는 반 싱글이다. 이러고 보면 나는 정지해 있는 공을 잘치는 편이다. 움직이는 공은 젬병이다. 미모가 평준화되는 것처럼 운동에도 각자 잘하는 영역이 있으면서 인생은 평등해지는 것은 아닐까? 사람마다 잘하는 영역은 각자 따로 있다. 신은 공평하다. 꽃은 남쪽부터 피지만 단풍은 북쪽부터 물든다.

# 비염이 왜 생길까요?

찬바람이 불면[13) ] 비염이 심해집니다. 그러나 이는 우리 몸이 자기를 지키기 위해 하는 당연한 반응입니다. 찬바람이 코점막을 통하여 들어오니 이 세포들이 활성화되면서 염증을 일으키는 것이지요. 염증은 우리 몸을 살리려는 발악입니다. 우리는 그 발악을 견디지 못하고 바로 약을 찾습니다. 근데 이 약은 염증을 완화시켜 주긴 하지만 비염 자체를 없애 주지는 못합니다. 약을 먹고 또 우리가 하는 일은 창문을 닫는 일입니다. 따뜻한 온돌방에서 따뜻한 공기와 함께 살면 비염 증상도 덜해지고 아주 좋습니다. 그러나 이는 장기적으로 보면 우리 몸을 망치는 일입니다. 우리 몸에 필요한 소가 두 가지가 있습니다. 하나는 영양소 또 하나는 산소입니다. 영양소와 산소가 부족한 상태에서 몸 어딘가에 세포가 번식한다면 그게 암입니다. 그래서 특히 우리 몸엔 산소가 절대적으로 필요합니다. 그런데 비염이 있다고 아파트 창문을 꽁꽁 닫고 하루 종일 생활한다면 우리 폐는 어떻게 될까요? 폐가 굳어 버리는 건 아닐까요? 폐가 역할

을 못 하니 산소가 우리 몸속 곳곳에 들어갈 리 없겠죠? 그러면서 암 환자가 되어 가는 것입니다. 비염도 찬바람을 피할 것이 아니라 찬바람에 맞설 때 없어집니다. 지금부터라도 당장 아파트 창문을 여십시오.

하루 열 줄 이상 글쓰기

## 귀를 맑게 하세요

우리는 하루 종일 소음을 들으며 삽니다. 자동차를 몰아도 소음, 버스를 타도 소음, 지하철을 타도 소음 하루 종일 우리는 소음 속에서 삽니다. 회사에 가서 일을 해도 자판 두드리는 소리, 업무 전화 받는 소리, 또라이 상사의 말도 안 되는 소리, 하루 종일 우리 귀는 시달립니다. 그래서 퇴근 후 우리는 귀를 정화시켜 줘야 합니다. 조용한 클래식을 들으며 귀를 정화시키고 마음을 평화롭게 해 주어야 합니다. 힐링이 따로 있는 게 아닙니다. 그런데 우리는 어떻게 하나요? 친구들과 볼링 치고 술 한잔 먹고 시끌벅적하게 놀다가 집에 오면 뭔가 허전합니다. 지친 몸을 이끌고 집에 오면 티비를 켭니다. 뉴스에서는 세상 오만가지 일들이 펼쳐집니다. 마음이 심란합니다. 티비를 보다가 자기 방으로 가서 유튜브를 봅니다. 유튜브에서도 세상 불평 내용을 골라 봅니다. 마음은 지칠대로 지쳐 갑니다. 그러지 마세요. 이제 오늘부터라도 명상을 하며 조용한 클래식을 들으며 귀를 맑게 하고 마음을 진정시키세요. 새로운 세상이 열릴 것입니다.

## 인생 사랑 골프

이 세상을 살면서 정답이 없는 세 가지가 있습니다. 바로 인생, 사랑, 골프입니다. 인생은 정답이 없습니다. 그래서 더 살맛 나는 것인지도 모릅니다. 사르트르가 말했습니다. '실존은 본질에 앞선다.' 라고요. 우리는 어떤 목적을 가지고 이 세상에 태어난 것이 아니라 일단 태어난 다음에 인생을 만들어 가는 존재 라는 것이죠. 그러니까 우리에게는 무한대의 자유가 주어져 있습니다. 네 인생을 어떻게 만들든 너에게 자유를 준다는 것이죠. 그만큼 막중한 책임감이 우리에게 주어져 있는 것이죠. 비록 우리 인생은 미완성[14)]으로 끝나지만 끝까지 자신에게 주

어진 삶을 잘 가꾸어나가야 합니다. 두 번째, 사랑만큼 정답이 없는 것이 또 있을까요? 뜨겁게 달아오른 사랑이 어느 순간에 식어 버릴지 모르는 것이 바로 사랑입니다. 그만큼 잘 지켜 가야 하는 것이 사랑일 거예요. 구름은 바람 없이 못 가는 것처럼 인생은 사랑 없이 갈 수 없습니다. 그만큼 소중한 사랑 잘 지켜 가는 것이 중요합니다. 마지막은 골프입니다. 얘는 완전 배신의 아이콘입니다. 어제까지 잘되던 골프가 오늘은 완전 배신을 때립니다. 어제는 고사하고 연습장에서 잘 맞던 공이 커피 한잔하고 다시 치면 완전 딴판인 것이 골프입니다. 골프는 스킬도 스킬이지만 멘탈이 70% 이상을 차지합니다. 그러니 골프는 이렇게 치는 것이다 라고 어디 가서 자랑하는 멍충이가 되지 말아야 합니다. 바로 내일 당신을 배신할 테니까요. 인생, 사랑, 골프, 정말 정답이 없는 세 가지입니다.

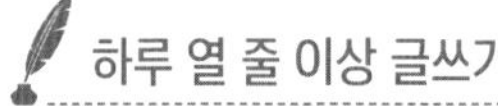


# 파레토와 롱테일

파레토가 한 방이라면 롱테일은 긴꼬리처럼 조금씩 조금씩 쌓아 가는 것이다. 나는 이 파레토와 롱테일을 인생에 적용하며 산다. 운동을 예로 들어보면 파레토는 진짜로 운동하는 시간을 따로 내어 운동을 하는 것이다. 헬스, 마라톤, 조깅, 등산 등등. 그러나 롱테일은 평상시 생활하면서 생활 속에서 조금씩 조금씩 운동을 하는 것이다. 방법은 많다. 엘리베이터 안 타기, 소파에 앉아 TV 보면서 무릎 운동하기, 사무실 의자에서 허리 펴고 가슴 운동하기 등등. 회사도 롱테일 제품이 회사의 생명력을 유지해 주는 효자이다. 재산 모으기도 마찬가지이다. 파레토는 한 방이지만 롱테일은 평소 절약의 생활화이다. 롱테일을 잘하는 인생이 쏠쏠한 재미도 있다. 독서도 롱테일이 중요하다. 특별히 시간을 내어서 하는 독서도 중요하지만 시간 날 때마다 틈틈이 하는 독서가 독서량을 늘린다. 그래서 독서는 복리의 마법이다.

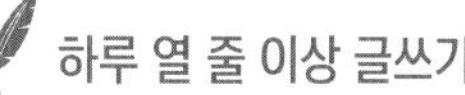
하루 열 줄 이상 글쓰기

## 허벅지와 당뇨

허벅지 굵기는 당뇨병과 반비례한다. 허벅지가 굵어질수록 당뇨에 걸릴 확률은 낮아진다. 왜냐하면 허벅지 근육이 우리 몸 전체 근육량의 80%를 차지하기 때문이다. 저녁때가 되었는데 별로 배가 안고프다가도 쓰레기를 버리러 나갔다가 집에 들어올 때 아파트 계단을 오르고 나면 배가 고프다. 그만큼 당 소비가 주로 되는 곳이 허벅지인 것이다. 그래서 평소에 허벅지를 굵게 하기 위한 운동을 해 주어야 한다. 그 지름길 중 하나가 계단 오르기이다. 아파트에 몇 층에 살더라도 무조건 걸어서 올라간다. 20층에 산다면 복 받은 거다. 지하 주차장부터 운동화로 갈아 신고 매일매일 계단을 오르면 굳이 다른 운동을 하지 않아도 된다. 연예인 100m 달리기에서 가수 박상철이 압도적으로 1위를 했는데 그 비결이 매일매일 퇴근할 때마다 지하 주차장에서 운동화로 갈아신고 20층인 집을 걸어 올라간다는 것이었다. 직장이나 회사에서 짧은 계단을 오를 때는 LTE 속도로 계단을 오른다. 그러면 허벅지에 신호가 온다. 허벅지 강화에 좋은 운동이 자전거 타기다. 안전한 하천 자전거 도로 등에서 자전거를 꾸준히 타 주면 허벅지 강화에 좋다. 하천도로까지 나갈 시간이 부족할 때는 동네 업힐라이를 찾아 자전거를 타 준다. 자전거가 없는 사람은 헬스장 자전거를 타준다. 요즘에는 하천 변에도 많이 있다. 허벅지 강화에 최고이다. 또 하나는 아주 쉬운 걷기다. 평소에 가까운 거리는 무조건 걸어라. 그러면 당신의 허벅지는 서서히 굵어지면서 당뇨로부터 멀어져 갈 것이다.

# 금사과

아침에 사과 한 조각은 몸에 좋다 라는 낭설이 있습니다. 사람들 중에는 아침 식사를 아예 과일로 대신하시는 분도 많습니다. 과일을 바구니에 수북이 쌓아 놓고 식사 대용으로 먹고 있는 것입니다. 과일과 요구르트를 함께 갈아 먹기도 합니다. 이렇게 과일이 몸에 좋다고 무조건 많이 드십니다. 그러나 과일이 과연 몸에 좋을까요? 언제부턴가 대한민국의 과일은 엄청 커졌습니다. 제가 어렸을 때 사과나 배는 자그마하고 딴딴했습니다. 그러나 요즘의 사과나 배는 품종을 개량했다고 하면서 두 배는 커졌습니다. 수박도 배 이상 커졌습니다. 씨없는 포도도 생겼습니다. 어머니가 말씀하셨습니다. 수박이나 과일에 성장촉진제 주사를 놓는다고 합니다. 우리가 먹는 대한민국의 과일들은 쑥쑥 자라는 주사를 맞고 커 갑니다. 그래서 옛날에 비해 크기가 두 배나 되는 것입니다. 지베렐린 호르몬 주사로 생리를 교란하여 씨없는 청포도를 만듭니다. 문제는 이렇게 키운 과일들을 몸에 좋다면서 필요 이상으로 먹는 사람들이 많다는 것입니다. 과일은 혈당을 높여 주어 순간적으로 힘을 나게 하는 식품입니다. 혈당이라는 놈은 높아졌다 낮아졌다를 반복하면 우리 몸의 질서가 흔들립니다. 공황장애라는 것이 이렇게 기분이 좋아졌다 완전 다운됐다를 반복하면 찾아오는 병입니다. 당뇨가 무엇인가요? 당이 뇨로 빠져나가는 것이 당뇨입니다. 그런데 우리 몸에 혈당이 갑자기 높아지면 당이 너무 많아져 뇨로 배출해야 합니다. 이러다 보니 당뇨가 찾아오는 것입니다. 산악자전거를 타는 깡마른 사람들 중에도 당뇨가 있는 사람이 있습니다. 왜냐하면 그 험한 산에서 자전거를 타다가 너무 힘들 때 이들 주머니에 초콜릿이 들어 있어 이를 입에 넣고 탑니다. 그러면 순간적으로 힘을 빡세게 낼 수 있기 때문에 이렇게 하는 것입니다. 그러다 보니 운동 마니아인데도 당뇨가 찾아오는 것입니다. 순간적으로 혈당을 높이는 과일 너무 많이 먹지 않는 것이 좋습니다.

## 이 나라를 아십니까?

초등학교 때 기억이 난다. 2교시쯤 되면 빵을 바구니에 가득 담아 자전거 뒤에 싣고 학교로 오는 빵아저씨가 창문 너머로 보인다. 그러면 우리는 수업하다 말고 빵아저씨를 보며 환호성을 지르곤 했다. 빵으로 허기진 배를 채우던 시절이었다. 그 당시 우리 모두는 못사는 국민이었다. 1인당 GNP가 80불이었던 나라 대한민국. 내가 태어난 1960년대 초는 필리핀보다도 못살았다. 서울에 있는 장충체육관이 그 당시 잘사는 나라 필리핀에서 지어 준 선물이다. 이러한 대한민국에 첫 번째 서광이 비친다. 바로 서독이다. 당시 서독은 미국의 마샬 플랜 정책에 의해 어마어마한 미국의 원조를 받으며 라인강의 기적을 만들어 가고 있었다. 이런 서독에 필요한 일자리가 광부와 간호사였다. 서독 정부는 그 힘든 일을 하는 인력을 한국에서 송출해 줄 것을 요청했다. 우리나라는 듣던 중 반가운 소리였다. 왜냐하면 달러를 벌어들일 수 있으니까. 그 당시 조막만 한 한국 경제에 달러는 완전 가뭄에 단비였다. 너도 나도 광부와 간호사에 지원했다. 왜냐하면 월급이 장난이 아니었기 때문이다. 당시에 초등학교 선생님도 자신의 월급보다 3배를 더 준다고 하여 지원했는데 손이 깨끗한 사람은 면접에서 탈락시키니 자기 손을 연탄에 며칠 동안 문질러 거칠게 하고는 합격했다. 아무튼 서독 파견 광부와 간호사는 달러를 고국으로 보내면서 한국 경제의 초석을 다지는 데 신호탄을 쏘아 올렸다. 당시 박정희 대통령은 서독에 나가 있는 우리 동포들을 위문하기 위해 가고는 싶었지만 전용 비행기가 없어서 난처한 터에 서독에서 비행기를 대 주어서 그걸 타고 서독으로 날아갔다. 머나먼 고국 땅에서 대통령이 온다는 소식에 광부와 간호사들이 강당에 모였다. 그리고는 대통령의 연설을 듣고 함께 애국가를 부르는 시간, 그러나 부르지 못하는 애국가였다. 왜냐하면 눈물이 앞을 가려서로 부둥켜안고 우느라고 애국가를 제대로 부르지 못한 것이었다. 대통령도 울고 광부와 간호사들도 모두 울었다. 호텔로 돌아가는 차 안에서 서독 수상이 울고 있는 박정희 대통령에게 손수건을 건네며 '우리가 돕겠소' 하면서 위로를 해 주었다. 월급을 많이 받는다고 해서 머나먼 이국땅에 왔지만 천대를 받으며 각종 허드렛일은 도맡아 하던 광부와 간호사들이었다. 이렇게 한국 경제는 서독 파견 광부와 간호사들이 벌어들인 달러로 시금석을 다지게 된다. 서서히 일어나는 한국 경제에 또 하나의 호재가 터졌다. 바로 월남 전쟁이다. 그 당시는 베트남을 월남으로 불렀다. 미국의 파병 요청에 당시 박정희 대통령은 하루 저녁에 담배 두 갑을 피우며 고민했다. 왜냐하면 분명 한국의 젊은이들을 파병하여 달러를 벌어들이면 우리나라 경제발전에 강력한 드라이브를 걸 수 있는 자금이 생기지만, 전쟁 속으로 우리의 젊은이들을 밀어 넣어 수많은 이들에게 불행을 안겨다 줄 것이 너무 뻔하기 때문이었다. 한국군의 월남 파병은 당시 국제관계의 역학 구도와도 밀접한 관련이 있다. 미국은 베트남 전쟁에서의 열세를 만회하기 위해 한국에 있는 두 개 미군 사단을 베트남으로 데려가려고 했다. 상황이 이렇게 되자 한국 정부는 북한의 위협이 상존하는 마당에 미군이 빠져나가면 안보에 공백이 생길 것을 우려해 우리 국군을 미군 대신 베트남에 파병하겠다고 제안하게 된 것이다. 미국이 이를 승낙하였고 곧바로 1964년부터 월남 파병이 시작된다. 본 부대는 1967년부터 네 차례에 걸쳐 파병되었다. 맹호부대, 청룡부대, 백마부대 등이 파병되었다. 당시 사진을 보면 동해안 항구에 엄청 큰 배에 수많은 장정들을 싣고 떠나는 환호와 이별의 장면들이 많았다. 아무튼 베트남 전쟁 파병으로 한국 경제는 또 하나의 디딤돌을 발판으로 삼아 1970년대 경제로 넘어간다. 잘나가던 한국 경제에 날벼락이 떨어졌다. 한국만 날벼락이 떨어진 게 아니라 전 세계적으로 석유파동이 일어나면서 세계 경제가 고꾸라졌다. 1973년 석유파동으로 우리 경제도 휘청댔다. 그런데 위기는 기회라는 말이 있듯이 석유파동으로 돈을 끌어모은 중동 국가들이 대규모 사회간접자본 투자를 하면서 외국의 기술과 인력의 투자를 받았다. 이를 놓칠 리 없는 한국의 기업들! 너도 나도 중동으로 건너가 중동 건설 붐의 주역이 되었다. 기업이 가니 당연히 근로자들도 중동으로 파견되었다. 이 수많은 근로자들이 40도를 웃도는 사막에서 일을 해서 고국으로 달러를 부쳤다. 이 달러가 한국 경제에 세 번째 효자 노릇을 했다. 이렇게 하여 우리가 1980년에 달성하고자 한 100억 불 수출, 1000불 소득을 3년 앞당겨 달성하는 쾌거를 이루었다. 그렇게 맞이한 1980년 서울의 봄! 정치적으로는 박정희 유신정권이 김재규가 쏜 총탄에 막을 내리고 극심한 혼돈의 도가니였다. 그러나 경제적인 면에서 하나의 환호성이 터졌다. 바로 1988년 서울올림픽을 유치한 것이다. 이제 한국 경제는 옛날의 조막만 한 경제가 아니었다. 운동장에서 눈사람을 만들 때 눈덩이가 작을 때는 눈이 잘 안 뭉쳐지지만 어느 정도 커지면 그때부터는 눈이 잘 달라붙어 기하급수적으로 눈덩이가 불어난다. 1980년대 한국 경제도 비슷한 구조였다. 일정 수준 이상 된 한국 경제는 날개를 단 듯 1980년대를 내달렸다. 특히나 1980년대 후반에 터진 3저 현상으로 우리 경제는 더욱더 치솟았다. 이른바 3저 호황 현상이라고 하기도 하는데 저유가, 저달러, 저금리 현상을 말한다. 1980년대 한국 경제는 그야말로 초고속 성장이었다. 1970년대에도 성장을 했지만 경제가 일정 규모 이상 된 상태에서 10% 성장은 그 차원이 다른 것이었다. 이렇게 우리 경제는 1980대 후반에 정점을 찍게 된다. 그러는 와중에 1992년 홍콩의 한 신문에 이런 기사가 헤드라인을 장식했다. “한국인들이 너무 빨리 샴페인을 터트렸다고.” 우리는 그런 것에 아랑곳하지 않았다. 걔네들은 왜 시기 질투를 하지? 이런 정도였다. 그런데 1980년대 후반 정점을 찍은 한국 경제에 서서히 문제가 나타나기 시작했다. 지난 시절 개발 붐을 타고 건설했던 성수대교나 삼풍백화점이 무너지는 대형 참사가 일어났다. 또한 경제에서는 온실 속 화초처럼 정경유착에 의해 커 온 기업들이 하나둘 무너지기 시작했다. 기업 도산이 잇따랐다. 1997년이 되자 거대 기업들이 무너지기 시작했다. 그해 1월에 진로그룹이 도산했다. 4월이 되자 한보그룹이 도산했다. 거대 재벌이 날아간 것이었다. 그 당시 한국 경제의 마지막 카운터 펀치는 그해 7월에 터진 기아자동차 부도였다. 이제 외국인 투자자들 사이에서는 “한국을 탈출하라.”는 메시지가 공유되었다. 우리나라 주식시장은 붕괴 수준까지 갔다. 그때의 에피소드를 하나 말하면 나도 주식을 하고 있었는데 삼성전자 주식에 몰빵을 하고 있었다. 왜냐하면 반토막이 난 원금을 마지막이라고 생각하고 가장 안전한 삼성전자에 몰빵을 한 것이었다. 그런데 그렇게나 많이 빠진 삼성전자가 그날도 하한가로 곤두박질쳤다. 하한가에 잔량만 수백만 주 쌓여 있었다. 나는 이제 자포자기의 심정으로 그 잔량 더미에 내 주식을 전부 던져 놓고 오전 일을 처리하고 주가를 보니 누군가 다 잡아가고 삼성전자는 하한가를 벗어나 올라 있었다. 그때 하한가 가격이 25600원이었다. 이런 주식이 오르고 올라 300만 원까지 갔다. 그때 보유했던 수량이 약 250주 정도로 기억되는데 끝까지 가지고 있었다면 7억 5천이라는 거금이 되었을 것이다. 주식이란 이런 것이다. 아무튼 그렇게 1997년 11월 한국은 IMF에 구제금융 신청을 하기에 이른 것이다. 한국은행에 외환보유고가 50억 달러가 되지 않아 우리나라의 쌀통이 빈 것이다. 쌀통이 비면 이른바 모라토리움을 선포하여 나라 파산 선고를 하게 되는 지경에 이르게 된다. 그렇게 우리나라는 IMF 체제로 편입이 되었다. 이때 IMF에서 우리나라에 요구한 것 중 하나가 고금리 정책이다. 그때 기억으로 금리가 20%짜리도 많았다. 그래서 그 당시 강남의 부자들이 건배를 하면서 한 말이 "이대로"였다. 돈 많은 사람들은 그 돈만 굴려도 더 큰 부자가 되어 갔다. 그리고 대부분의 사람들은 서민으로 전락했다. 우리가 IMF를 겪으면서 사람들의 호주머니 사정이 정말 안 좋아졌다는 것을 피부로 느꼈다. 그리고 IMF 체제는 우리들을 가혹한 구조조정이라는 도가니로 밀어 넣었다. 그 당시 기억에 남는 장면이 은행원들의 구조조정이었다. 시중은행 5개가 파산했는데 예를 들어 ○○은행 주식이 만 원에서 2천 원으로 떨어졌을 때 회사에서는 우리 은행을 살리자는 슬로건을 내걸면서 직원들에게 우리 ○○은행 주식을 매입할 것을 독려했다.

그것도 자기 돈 뿐만 아니라 은행에서 융자를 잔뜩 해 주면서 자기 은행 주식을 매입하라고 한 것이다. 생각해 보더라도 만 원짜리 주식이 2천 원으로 떨어졌으니 살만도 하다고 생각했을 것이다. 그런데 결국 그 주식은 200원으로 떨어졌고 나중에는 은행이 파산하여 200원도 못 받고 그냥 휴지 조각이 되었다. 퇴직금을 담보로 은행 융자를 받았던 은행 간부나 은행원들은 빚쟁이가 되어 회사와 함께 파산한 것이다. 이런 경우가 부지기수였다. 건설 업계 도급 순위 2위였던 ○○건설이 날아갔다. 내가 아는 사람 중에도 ○○건설 다니던 사람이 있었는데 정리해고 후 나중에 중고차 매매상이 되어 근근덕신 살아가고 있었다. 이렇게 파산한 사람들이 한둘이 아니었다. 길거리에는 실업자가 넘쳐났다. 이러한 IMF 시대에 드라마틱한 사건이 하나 터졌다. 바로 금 모으기 운동이었다. 1997년 12월 김대중 정부로 정권이 바뀌고 1998년 1월에 금 모으기 운동이 전국적으로 확산되었다. 국민들 너도나도 장롱 속에 보관했던 돌 반지, 결혼반지를 들고 은행으로 달려갔다. 금이 곧 달러였기 때문에 금을 모아 우리나라가 IMF 체제에서 하루빨리 벗어나기를 기도하는 심정으로 달려간 것이었다. 그런데 이때 생각나는 것이 이 금 모으기 행사에 모인 건 죄다 반지나 목걸이 같은 작은 것들이었다는 사실이다. 금송아지나 금거북이 등 소위 부자들이 가지고 있던 금은 은행에 모이지 않았다는 사실이다. 이게 우리나라 부자들의 현주소이다. 원래 역사적으로 한국의 부자들은 이렇게 행세하지 않았다. 독립운동 때 천석꾼 만석꾼들은 자신의 전 재산을 털어 독립군 자금을 됐다. 언제부턴가 한국의 부자들은 노블레스 오블리주를 하지 않는다. 천민자본주의의 민낯이다. 아무튼 금 모으기 운동은 우리 대한민국 국민의 저력을 전 세계에 보여 준 쾌거이다. 금 모으기 운동과 강력한 구조조정으로 한국 경제는 IMF 체제를 조기에 졸업하는 모범생이 된 것이다. 한국 경제는 이 IMF를 기점으로 전과 후로 나눌 수 있다. IMF 이전이 관치금융과 정경유착에 따른 온실 속 화초 같은 기업이라면 IMF 이후는 이제 노지로 나온 화초처럼 국제적인 경쟁력을 스스로 키워 가야 했다. 많은 우량 기업들이 IMF 이후에 쏟아져 나왔다. 그러나 국민들의 호주머니는 비어 갔다. 이때부터 비정규직이라는 용어가 생겨났다. 기업은 더 이상 개인을 기업의 주인으로 생각하지 않았다. 그냥 필요할 때 쓰고 버리는 일회용품으로 생각했다. 많은 노동문제가 이때부터 생겨나기 시작했다. 이러한 사회적인 분위기는 나라를 살려야 한다는 신자유주의 이념에 따라 개인의 희생을 정당화했다. 우리 개인들은 점점 더 가난해져 갔다.

To be continued….

# 걷어차는 인생

인생을 살면서 내가 가는 길[15)]이 이건 아니다 라고 생각했을 때 과감히 그 길을 걷어찰 수 있을까? 대부분의 사람들은 그렇게 하지 못한다. 왜냐하면 알량하게 쌓아 온 과거의 업적이 있기 때문이다. 또는 안정적인 일자리를 버리기 어렵기 때문이다. 그러나 한 번뿐인 인생을 살면서 지난날을 버리고 과감히 새로운 길을 개척하는 용기를 가진다면 진정으로 위대한 사람이라 할 수 있다. 100명 중에 한 명이 당신이기 때문이다. 온실 속을 나와 한데로 갔을 때 처음에는 춥고 배고프다. 그러나 그 춥고 배고픔이 우리의 뇌를 움직인다. 한 글자 한 페이지의 책을 보아도 솜사탕처럼 빨아들인다. 백화점을 하루 종일 배회해도 새로운 아이템이 솟아난다. 스티브 잡스가 스탠퍼드 대학 졸업식 연설 끝머리에서 한 유명한 말이 "stay hungry stay foolish!" 이다. 배고픔 속에서 창의성이 나오는 법이다. 이게 진리다. 모든 걸 버려야 그 빈 곳에 도가 모이는 법이다. 과거의 모든 사상가나 철학자의 가르침이 바

로 이것이다. 일단 비워라. 그래야만 그 빈 곳에 새로운 것들이 채워진다는 것이다. 내 머릿속이 쓰레기로 꽉 차 있다면 아무리 새로운 정보가 주위를 맴돌아도 들어갈 여지는 없다. 신은 우리에게 이 광활한 우주를 경험하도록 70년의 시간을 허락하셨다. 그런 소중한 시간을 '이건 아닌데~' 하면서 하루하루를 소비하는 바보가 되지는 말아야 할 것이다. 이게 아니라면 과감히 걷어차고 광야에서[16] 백마타고 달리는 진취적인 사람(enterprising person)이 되어야 할 것이다.

하루 열 줄 이상 글쓰기

## 양극화 사회라는 말의 함정

오늘날은 양극화 사회인가? 그렇지 않다. 양극화라는 말에는 함정이 있다. 양쪽으로 반반씩 나뉘어졌다는 것인데 지금 대한민국 사회는 전혀 그렇지 않다. 완전 1:99의 사회다. 이런 완전 비대칭 사회를 마치 양극화라고 하면 절반은 위쪽에 있고 나머지 절반은 아래쪽에 있는 것 같

은 착각을 일으키기 쉬운 말이다. 어느 스님의 말처럼 대한민국에서 특권을 누리는 자들은 약 2만 명이라고 한다. 5천만 명이라고 했을 때 10%면 5백만 1%면 50만이다. 이 50만이라는 숫자가 2만 명에 딸린 가족을 포함해서 나온 숫자이다. 그러니 정확한 수치다. 대한민국은 철저히 1:99의 사회이지 양극화 사회가 아니다.

하루 열 줄 이상 글쓰기

## '공정합니까?' 라는 말의 모순

공정과 상식이 대선의 화두였던 적이 있다. 2022년 대선 때 윤석열 후보는 공정과 상식이라는 캐치프레이즈를 내걸고 대권에 도전했다. 공정과 상식이 대우받는 세상을 만들어야겠다는 논리였다. 그런데 여기서 우리는 자문해 보아야 한다. 공정합니까? 라는 질문에 네 공정합니다 라고 했을 때 그것이 과연 정의로운가를 생각해 보아야 한다. 왜냐하면 공정합니다 라는 대답 속에는 진실이 가려져 있기 때문이다. 다섯 명의 사람이 100m 출발선에 서서 땅! 하는 총소리와 함께 출발했다 치자. 우리는 이런 상황을 공정하다고 표현한다. 누구나 똑같은 시간에 똑같은 조건에서 출발했으니 공정하다는 논리다. 그러나 그 다섯

명 중에는 휠체어를 탄 사람도 있고 평발이라 달리기를 뒤뚱뒤뚱하는 사람도 있고 우사인 볼트처럼 빠르게 달리는 사람도 있다. 이런 내막을 무시하고 그냥 땅! 하는 총소리와 함께 출발했다고 공정하다고 하는 건 눈 가리고 아옹 하는 꼴이다. 그렇게 출발한 사람들이 100m 골인 지점에 도달한 결과를 놓고 공정하니 이제 손 탁탁 털고 결과를 받아들이라는 건 칼만 안 들었지 강도나 다름없다. 공정과 상식이라는 캐치프레이즈에는 이런 함정이 숨어 있다. 그걸 사람들은 눈치채지 못했다. 그리고는 윤석열을 대통령으로 뽑았다. 공정합니까 라고 물으면 안 된다. 정의롭습니까 라고 물어야 한다. 어떤 제도나 법에 공정의 잣대를 들이대기 이전에 그 제도나 법이 정의로움에 기반을 두고 만들어졌는지 검토한 연후에 그 정의로운 제도와 법을 공정하게 집행하느냐를 따져야 순서가 맞는 것이다.

하루 열 줄 이상 글쓰기

## 유권자 40%

대한민국 정치를 움직이는 수치다. 이 유권자 40%가 어떻게 움직이느냐에 따라 대한민국은 좌로 갔다 우로 갔다를 반복해 왔다. 1990년에는 금방 사면 복권된 수많은 야권 인사들을 국회의원으로 대거 당선시키기도 하였고, 한나라당보다 민주당에서 더 핍박받던 노무현을 대통령으로 만들기도 하였다. 2004년에는 노무현 대통령 탄핵의 역풍을 타고 군소정당이던 열린우리당에 152명의 금배지를 선물한 것도 저 유권자 40%가 움직였기 때문이다. 노무현 정권 말기 열린우리당이 해체되고 한나라당 이명박을 대통령으로 만든 것도 이 40%다. 박근혜 탄핵 이후 장미 대선에서 문재인을 대통령으로 만든 것도 40%, 2022년 3월 대선에서 윤석열 열풍을 일으킨 것도 40%다. 대한민국에서 정치를 하려면 이 40%의 유권자를 어떻게 잡느냐에 따라 성패가 결정되어진다. 보수든 진보든 상관없다. 보수나 진보나 소위 콘크리트 지지층이라는 것이 있다. 양쪽 다 30%씩이다. 그러고 나면 남는 게 40%이다. 이 40%의 유권자는 보수 진보 이런 거 잘 안 따진다. 그때그때의 상황에 따라 표를 던지는 것이다. 그렇다면 대한민국의 정치는 프레임 싸움이다. 누가 프레임을 먼저 뒤집어씌우느냐에 따라 유권자 40%가 움직이는 것이다. '코끼리는 생각하지 마'라는 말을 하면 사람들은 먼저 코끼리를 생각한다. 이게 프레임이다. 대한민국의 정치 역학이다.

# 중국의 홍 사상과 전 사상

중국을 이끌어 가는 두 개의 사상이 있다. 하나는 홍 사상, 다른 하나는 전 사상이다. 홍 사상은 이념이고 전 사상은 실용이다. 홍 사상의 선두 주자가 모택동이다. 모택동 밑에서 2인자 역할을 하던 주은래가 전 사상이다. 이 주은래의 전 사상을 이어받아 1980년대부터 중국 땅에 자본주의를 받아들인 인물이 등소평이다. 등소평이 한 유명한 말이 있다. 검은 고양이든 흰 고양이든 쥐만 잡으면 된다는 것이다. 우리 인민에게 필요한 것은 먹고사는 문제가 제일 중요하다는 논리다. 물론 사회주의를 버리는 것은 아니지만 자본주의의 장점을 최대한 받아들여 중국 경제를 일으켜야 한다는 논리다. 등소평 집권 시기인 1978년부터 1992년 사이 중국은 폭발적으로 성장해 오늘날의 중국이 되었다. 지금 중국은 시진핑 시대이다. 시진핑은 집권 초 인기가 폭발했다. 인민들은 시진핑을 옆집 아저씨라고 부르며 좋아했다. 2022년 10월 시진핑이 장기 집권에 들어갔다. 지금 중국에서는 모든 언로가 막히고 인민을 통제하는 그야말로 전체주의식 통치가 일어나고 있다. 오늘날 시진핑의 중국은 모택동의 홍 사상과 맥이 닿아 있는지도 모른다. 과거 모택동 시절 홍위병이 날뛰던 문화대혁명의 상처가 중국에서 다시 살아날

가능성도 다분하다.

하루 열 줄 이상 글쓰기

## 노경직 씨를 아십니까?

노경직이 누구죠? 아 네~ 사람 이름이 아니구요. 매사에 경직하지 말자 라는 의미로 제가 지은 이름입니다. 우리가 어떤 일을 하든 간에 경직되는 순간 그 일을 망칩니다. 영어에 flexible이라는 말이 있습니다. 융통성이나 유연성으로 해석되죠. 세상 모든 일에 이 flexible이 없다면 망합니다. 정치, 경제, 사회, 문화 모든 영역에서 그렇습니다. 정치도 융통성이 없이 외골수로 나간다면 언젠가는 꺾입니다. 역사가 그걸 증명하고 있죠. 경제는 어떨까요. 성공하는 기업은 항상 외부의 환경에 정말로 유연하게 대처해야만 살아남을 수 있는 것입니다. 사회나 문화도 마찬가지입니다. 어떤 영역이든 성을 쌓는 자 망하고 길을 내는 자 흥하는 법입니다. 외부의 변화에 문을 닫는 순간 언젠가는 망합니다. 따라서 우리는 한순간이라도 경직 씨를 멀리해야 합니다. 스포츠는 이 경직 씨와 아예 담을 쌓아야 합니다. 운동을 하는 기본 원리는 자신의 힘을 빼는 데 있습니다. 테니스 라켓이든 배드민턴 라켓이든 힘을 빼고 쳐야 스윙이 제대로 나옵니다. 축구의 발, 농구의 손 모두 힘을 빼야 제대로 차고 던질 수 있습니다. 골프는 어떨까요? 힘을 빼야 헤드가 돌아가겠죠? 그러고 보니 발, 손, 라켓, 클럽 모두 힘을 빼야 제대로 차고 던지고 치는 것이네요. 만약 운동을 하는데 경직 씨가 가까이 있다면 당신은 심호흡을 하고 이 경직 씨를 나에게서 어떻게 떼어 낼 것인가를 연구해야 합니다. 그러면 당신은 한 단계 더 성장할 것입니다.

### 하루 열 줄 이상 글쓰기

## 간이 맞네

옛날 우리 조상들께서 음식이 맛있을 때 하시는 말이 '간이 맞네'였다. 그만큼 음식에 있어서 중요한 것은 간이다. 즉 소금으로 간을 해야 각종 식재료들이 제맛을 내는 법이다. 그런데 언제부턴가 우리 곁에서 소금이 사라졌다. 돌팔이 의사들이 하도 저염식 저염식 하니까 소금을 멀리한 까닭이다. 저염식 저염식 하면서 소금을 멀리하면 피가 잘 안 통한다. 『동의보감』에 단살쓴기매힘짠맥신뼈라고 하였다. 단 것은 살을 찌우고, 쓴 것은 기를 살리고, 매운 것은 힘을 나게 만들고, 짠 것은 맥을 뛰게 하고, 신 것은 뼈를 단단하게 해 준다는 말이다. 짠 것은 맥을 뛰게 한다는 것인데 맥이 뛰어야 피가 발끝 머리끝까지 전달될 것이다. 그런데 우리는 매일매일 달달한 음식을 먹으며 행복해한다. 소금을 멀리하는 대신 설탕이 우리 곁으로 왔다. 설탕 이야기를 하면 사람들은 우리 집은 설탕을 안 먹는다고 우긴다. 그러나 매년 5월 매실이 나오는 철이 되면 대형 마트에서 흑설탕을 포대째 쌓아 놓고 판다. 우리 엄마들은 매실에다 이 흑설탕을 쏟아부어 매실청을 만든다. 그렇게 병에 담긴 매실청이 매일 요리할 때마다 주룩주룩 부어진다. 소금이 사라져 간이 안 맞는 음식은 저염식이지만 맛대가리가 없는 법이다. 그래서 매실청을 넣으면 소금간 대신 역할을 하면서 음식을 맛있게 만들어 준다. 그러면서 우리는 설탕을 알게 모르게 많이 먹고 있는 것이다. 오늘날 현대인들이 지니고 있는 병의 대부분은 설탕 때문에 걸린 것이다. 설탕 소비 1위 국가인 미국인들에게 심장 썩는 병이 가장 많다.

## 스테로이드

스테로이드를 구글에 쳐 보면 만병통치약이자 동시에 만병의 근원이라고 나온다. 우리 몸의 대부분의 증상은 몸속 염증 때문이다. 염으로 끝나는 말을 다 적어 본다. 결막염, 중이염, 관절염, 장염, 간염, 구강염, 피부염, 심근염, 위염, 비염 등등. 이 고통을 잠시나마 기가 막히게 줄여 주는 것이 스테로이드이다. 그러나 이 스테로이드를 지속적으로 사용할 경우 부작용이 나타나는데 그것은 바로 우리 몸의 면역력을 떨어뜨린다는 것이다. 그러니 만병통치약이라는 것은 거짓말이다. 스테로이드는 사이비 돌팔이 의사들이 쓰는 약이다. 우리 몸이 아픈데 쉽게 낫는 약은 일단 의심해 보아야 한다. 순간적으로 통증만을 완화시키는 것이지 진짜 치료가 되는 게 아니란 이야기다. 우리 몸은 기가 막힌 자정 능력을 가진 유기체이다. 그런데 이러한 면역체계를 흔드는 것이 스테로이드이다. 따라서 이를 장기적으로 복용하면 이 면역체계가 깨져 결국엔 온갖 부작용을 불러오는 것이 스테로이드이다. 스테로이드 하면 아하 그냥 진통제구나 이렇게 생각하면 된다. 진통제가 무엇인가. 치료를 하는 게 아니라 통증이나 염증을 잠시 완화시켜 주는 것이다. 그런데 문제는 이 강력한 항염 진통제인 스테로이드가 우리 몸 질서를 교란시킨다는 것이다. 스테로이드를 장기 복용하다 자살한 주위 사람도 보았다. 행복 전도사 모 씨도 스테로이드를 장기 복용하다 결국 자살했다.

# 행구건강

행복의 구십 프로는 건강이다. 행복하기 위하여 필요한 것은 많다. 돈도 필요하다. 친구도 필요하다. 가족도 화목해야 한다. 직장에 또라이가 없어야 한다. 그러나 이런 것보다도 가장 중요한 것은 당연히 건강이다. 건강하다면 어려움을 극복해 나갈 힘이 생긴다. 그러나 건강하지 못하면 매사가 스트레스다. 친구가 없어 외로워도 건강하면 운동하느라 괜찮다. 돈이 없어도 돈 없이 할 수 있는 운동도 엄청 많다. 가족이 화목하지 못해도 건강하게 시간이 좀 지나면 해결된다. 직장에 또라이가 있어도 건강하면 그걸 받아 낼 넓은 가슴이 생긴다. 그러나 건강하지 못하면 이 모든 것이 굴레로 다가온다. 건전한 육체에 건전한 정신이 깃든다고 했다. 건강한 사람은 삶의 리듬을 지키며 산다. 삶의 리듬을 지키며 사니까 새로운 도전을 할 여력이 생긴다. 그러면 삶의 질이 한 단계 더 상승한다. 쇼펜하우어가 말했다. 행복의 90%는 건강이다. 쇼펜하우어가 그렇게 말한 이유는 책을 읽거나 공부를 하는 데에도 자칫하면 건강이 해쳐질 수 있다. 그런데 우리는 육체적 쾌락이나 감각적 쾌락을 좇으면서 건강을 해치는 어리석음을 범한다는 것이다.

# 목소리의 중요성

전화 통화만 해 봐도 그 사람의 건강 상태를 알 수 있다. 그런데 우리는 오늘도 카톡을 한다. 글자는 평등하다. 그만큼 평등 속에 가려진 진실이 있다. 카톡으로는 상대방의 진짜 상태를 알 수 없다. 더군다나 단톡방에서는 상대방의 진짜 속마음을 더더욱 알 수 없다. 카톡은 3단계의 인간관계이다. 2단계는 전화로 통화하는 것이다. 1단계는 서로 만나서 이야기를 나누는 것이다. 만나야 그 사람의 진짜 상태를 알 수 있다. 그런데도 우리는 오늘도 카톡을 주고받으며 서로 별일 없다는 듯 위안을 삼는다. 카톡을 주고받으며 인간관계가 돈독하다는 착각 속에 산다. 카톡을 주고받으며 나는 참 발이 넓다고 착각하며 산다. 카톡은 노란색이다. 노란색은 사람을 유아틱하게 만든다. 리라초등학교는 학교 전체를 온통 노란색으로 장식한다. 노란색 속에서 아이들은 유쾌하게 뛰어논다. 우리도 카톡의 노란색 속에서 유아틱한 동심의 세계를 경험한다. 그런데 여기엔 함정이 있다. 세상의 모든 일엔 양면이 있다. 즐거움과 유쾌함도 있지만 그것보다는 어두움과 절망감이 더 많다. 이 어두움과 절망감을 서로 나누는 것이 인간관계의 본질이다. 그런데 우리는 오늘도 카톡을 하면서 마치 서로 별일 없다는 듯이 행복을 위장한다. 지금 당장이라도 전화로 통화하면서 상대방과 대화를 나누어 보자. 그래야 중간 정도의 인간관계는 하고 사는 것이다.

### 하루 열 줄 이상 글쓰기

## 만세

만세의 뜻은 무엇일까? 아이들에게 물으니 두 팔을 벌려 위로 올리는 것이라고 한다. 맞는 말이다. 그러나 만세는 길이길이 번영하여라 라는 뜻이다. 그래서 대한민국 만세라고 하면 대한민국이여 길이길이 번영하여라 라는 의미로 만세 삼창을 하는 것이다. 그런데 이 만세 동작에 비밀이 숨겨져 있다. 만세 동작을 함으로써 혈액순환이 만사형통으로 흐르는 효과를 볼 수 있다. 만약에 당신 오른발에 쥐가 나면 왼손으로 만세 동작을 크게 해 보아라. 쥐가 금방 풀어질 것이다. 왼발에 쥐가 나면 오른손으로 만세 동작을 하면 된다. 이 글을 쓸 때만 해도 과연 그럴까 하고 의심이 갔었다. 그런데 어느 날 밤에 자다가 왼발 종아리에 쥐가 났다. 갑자기 이 글 생각이 나서 오른팔을 위로 만세를 부르니 신기하게도 쥐가 서서히 풀어졌다. 이보다 더 중요한 것이 있다. 심장에서 피가 잘 안 통해 가슴이 조여 오는 통증을 느낄 때 응급처치로

이 만세 동작을 하면 흉부 통증이 조금 나아질 것이다. 적어도 응급차가 오기 전까지 응급처방은 될 것이다. 또 있다. 생선을 먹다가 생선 가시가 목에 걸려 켁켁 거릴 때 만세를 해 보자. 신기하게도 생선 가시가 목에서 빠져나온다. 떡 먹다 죽은 사람도 있다. 떡이 목에 걸려 숨을 못 쉬어 죽은 것이다. 이럴 때도 응급처방으로 만세를 하면 목에 걸린 떡이 빠져나와 목숨을 건질 수 있다. 젤리나 찹쌀떡이 목에 걸려 숨쉬기 어려운 위급 상황에서 만세를 부르자. 만세를 부르며 우리 삶이 길이 길이 번영하기를 기원해 보자.

하루 열 줄 이상 글쓰기

## 흙을 밟으면 낫는다

아기가 태어나면 얼굴이 울긋불긋합니다. 왜냐하면 아기는 아직 신장이나 대장 등이 덜 발달되어 있기 때문에 우리 몸속의 노폐물을 피부로 배출하기 때문에 울긋불긋한 것입니다. 이런 아기가 어느 정도 자라면 즉 아장아장 걸으며 흙을 밟을 정도의 나이가 되면 얼굴이 어느새 하얘집니다. 이제 신장이나 대장 등이 발달되어 먹은 것들을 잘 소화하고 몸 밖으로 제대로 배출하는 것이지요. 그런데 이런 몸속 노폐물을 제대로 몸 밖으로 배출하지 못하는 아기가 있습니다. 신장이나 간, 대장 등이 아직 덜 발달되어 몸속 노폐물을 피부로 배출하는 아기이지요. 이런 아기를 우리는 아토피에 걸렸다고 합니다. 그러면 이런 아기는 아직 신장이나 간, 대장이 덜 발달되었기 때문에 먹는 양을 줄이면서 조금 기다려 주어야 합니다. 그러나 우리 엄마들은 아기를 빨리 키우고 싶은 마음에 이것저것 좋은 것들을 많이 많이 먹입니다. 이렇게 아토피에 걸린 아기들은 먹는 양을 절대적으로 줄이면서 신장이나 간 대장 등이 성숙되기를 기다려야 하는데 그러지 못하니 아기 피부는 자꾸자꾸 더 가렵고 아토피는 심해집니다. 사람의 몸은 누구나 평등합니다. 완전체로 태어난 몸입니다. 그러나 이 완전체가 완성되기 위해서 사람마다 약간의 차이가 있습니다. 우리 아기가 아토피가 있다면 식이요법으로 조절하면서 좀 천천히 아기를 키워 보세요.

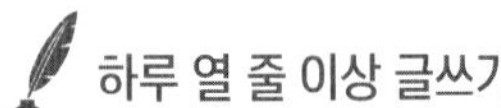


## 두통이 왜 사라졌을까?

자꾸 건강에 관한 글을 쓰게 된다. 이것은 나이가 들어감에 따라 관심사가 당연히 건강 쪽으로 이동하기 때문이다. 나는 젊은 시절에 나이 드신 분들이 건강에 관한 이야기를 하면 귓등으로 들었다. 건강에 현미가 좋다느니 뭐가 좋다느니 이런 말을 하시면 한 귀로 들으면서 다른 귀로 흘려 버렸다. 그런데 내가 나이가 들면서 그런 이야기를 자주 한다. 이렇게 내가 나이가 들어가면서 내가 옛날에 싫어했던 어른들의 행동을 그대로 따라 한다는 사실에 놀라면서도 애처롭기까지 하다. 인생이란 다 그런가 보다. 이게 자연의 섭리일 것이다. 나의 치아는 영원히 단단할 것 같지만 언젠가는 임플란트 신세를 지게 되어 있다. 나의 체력은 항상 강건할 것 같지만 나이가 들수록 떨어지는 것은 어쩔 수 없는 현실이다. 다만, 그 속도를 늦추는 것은 자신의 노력 여하에 달려 있다. 두통 이야기를 하려다가 서론이 길었다. 나는 50대 중반까지도 두통이 있었다. 그때 기억으로 미용실에 염색을 하러 가면 미용사에게 뒷골 어디 어디가 아프니까 거기를 꾹꾹 눌러 달라고 했었다. 그런데 몇 년 전부터 소금을 입에 조금씩 물고 다니기 시작했다. 소금이 몸에 좋다는 학설을 보고 나서 그렇게 행동했다. 그렇게 소금 섭취를 약 5년간 꾸준히 했다. 지금은 두통 같은 건 전혀 없다. 소금 한 톨씩만 꾸준히 입에 물고 다니면 몸에 놀라운 변화가 나타난다. 아마 진짜 만병통치약은 소금일지도 모른다. 옛날 소금은 황금 다음으로 소중한 것이었다. 국가에서 왕이 직접 관리하는 귀한 식품이었다. 로마시대 군인들은 월급으로 소금을 받았다. 이런 소금이 요즘엔 홀대를 받는다. 저염식이 몸에 좋다는 정보로 사람들이 소금을 멀리한다. 그러면서 각종 현대인들이 병을 달고 사는 건 아닌지 걱정된다.

# 독이 든 성배

우리네 삶은 바운스의 연속이다. 오르막과 내리막이 교차하는 게 인생이다. 항상 지옥일 것 같은 인생도 묵묵히 계속 걸어가다 보면 희망의 햇빛이 서서히 나타난다. 항상 찬란할 것 같은 인생도 순식간에 고꾸라지는 경우도 많다. 독이 든 성배를 들고 위하여! 를 외치며 좋아라 하지만 그 성배를 마시는 순간만 즐겁지 그다음부터는 내리막 인생인 경우도 많다. 그래서 담백한 인생이 더 멋있다. 여기서 에피쿠로스의 철학이 의미 있게 다가온다. 바로 쾌락의 역설이다. 에피쿠로스는 쾌락을 세 가지로 나누었다. 자연적이면서 필수적인 욕구, 자연적이지만 필수적이지 않은 욕구, 자연적이지도 않고 필수적이지도 않은 욕구다. 여기서 우리가 추구해야 하는 욕구가 첫 번째 것인 자연적이면서 필수적인 욕구인 수면욕과 식욕이다. 그러면 행복을 늘 곁에 두고 살 수 있다는 것이다. 왜냐하면 에피쿠로스는 행복은 충족/욕구 라고 보았기 때문이다. 행복의 척도는 자신이 욕망하는 것을 얼마만큼 충족했느냐에 달려 있기 때문에 핵심은 자신의 욕망을 얼마만큼 줄이느냐에 달려 있다. 그래야 쾌락의 역설에 빠지지 않고 욕구 충족이 되면서 자연스럽게 행복으로 다가가는 것이다. 즐거움을 찾지 말고 손톱 밑에 가시를 빼라는 말이 있다. 헛된 욕망을 쫓아가는 삶은 반드시 항상 채울 수 없는 허망함으로 괴로움을 동반하기 마련이다. 그러나 빵 한 조각과 포도주 한잔에 만족하는 삶은 행복과 늘 함께 한다.

하루 열 줄 이상 글쓰기

## 결국엔 양심

성격심리학자 콜버그가 있다. 그는 우리의 도덕성도 지능처럼 발달 단계를 거친다고 주장한 사람이다. 총 6단계를 거쳐서 도덕성은 발달한다. 앞 세 단계는 인습 이전 수준 단계라고 하고 뒤 세 단계는 인습 이후 수준 단계라고 한다. 6단계 중 첫 번째 단계가 벌을 피하기 위한 도덕성 발달이다. 잘못하면 엄마가 엉덩짝을 때리는 벌을 피하기 위한 유아틱한 도덕성이다. 두 번째 단계가 욕구 충족 단계이다. 자신의 욕구를 충족시키기 위해서 도덕성을 발휘한다. 유치원 수준이다. 세 번째 단계가 착한 소년 소녀 단계이다. 착한 아이로 인정받기 위해서 도덕성을 발휘하는 단계로 초등학교 저학년에서 나타난다. 여기까지는 그야말로 인간의 본능에 따른 도덕성 함양이라고 볼 수 있고 이제 4단계부터가 외부환경과의 상호작용을 통해 도덕성을 함양해 가는 수준이다. 4단계는 규칙 준수 단계이다. 자신이 속한 조직이나 사회에서 제시되는 규칙을 준수하는 단계로 초등학교 고학년이 여기에 해당한다. 교칙 준수 단계이다. 그다음 5단계는 중학교 수준의 도덕성 발달로 공리적인 도덕성이다. 공공의 이익을 고려하는 수준까지 발달한다는 것이다. 마지막 단계가 양심이다. 고등학생쯤 되면 이 6단계의 도덕성으로 발달한다고 콜버그는 주장한다. 이 6단계의 도덕성이 칸트가 말한 양심에 따르는 도덕성이자, 공자가 남이 보지 않는 곳에서 행동거지를 더욱더 조심해야 한다고 한 경지와 맞닿는다.

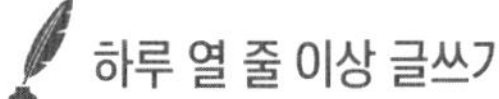


## 집단주의의 괴물

대한민국에는 집단주의라는 괴물이 항상 서성이고 있다. 우리는 이것을 냄비근성이라고 부르기도 한다. 부화뇌동하는 행태들이다. 이성보다는 감정적으로 대응하는 경우이다. 이러한 집단주의는 양면성을 지니고 있다. 이 집단주의가 긍정적인 면으로 나타날 때는 엄청난 힘을 발휘한다. IMF 때 금모으기 운동이 그랬고 2002 월드컵 응원이 그랬다. 역사적으로도 이 집단주의가 힘을 발휘한 사례는 많다. 나라가 위기에 처했을 때 우리는 의병을 일으켜 나라를 구했다. 그러나 이 집단주의는 부정적으로 작용하기도 한다. 마치 남들 다 하는데 나만 안 하면 왠지 뒤처진다는 생각에 불나방처럼 뛰어든다. 2022년 이태원 핼러윈 참사가 그렇다. 코로나 팬더믹 이후 열리는 핼러윈 행사에 너도나도 참가하다가 과부하가 걸려 사고가 난 것이다. 과부하를 제대로 통제하지 못한 관의 행태가 더 부끄럽다. 2021년 여름 서울 아파트 거래도 이 집단주의이다. 영혼까지 끌어모아 아파트를 산다는 영끌족들이 아파트 매수에 불나방처럼 뛰어들었다. 이 당시 유행한 말이 벼락거지라는 말이었다. 가만히 월급을 타서 저축만 하면 어느 순간 거지가 되어 있을 거라는 말이었고 언론은 이를 부추겼다. 그렇게 아파트 거래량은 2021년 정점을 찍고 가격도 정점을 찍고 이후로는 줄곧 내리막길이다. 집단주의의 괴물이 한바탕 휩쓸고 지나간 후 황량함만 남아 있는 것이다.

하루 열 줄 이상 글쓰기

## 응달 토끼와 양달 토끼

양달 토끼와 응달 토끼 중 누가 더 일찍 일어날까? 답은 응달 토끼이다. 아니 왜 추운 데 사는 응달 토끼가 더 일찍 일어날까? 토끼가 아침에 일어나 굴 속에서 앞산을 보면 응달 토끼는 앞산 눈이 다 녹아 부지런히 움직이지만, 양달 토끼는 앞산 눈이 아직 녹지 않아서 다시 굴 속으로 들어가 잠을 청한다. 토끼는 단순한 동물이니까 그렇게 행동한다고 치부할 수 있지만 사실 우리 인간들도 이런 경우가 많다. 눈앞에 보이는 현상만을 전부라고 믿는 경우가 다반사다. 가짜뉴스가 판을 치는 이유는 일단 만들어서 SNS에 띄우면 그것을 보는 순간 믿어 버리는 습성이 우리 인간에게 있기 때문이다. 우리는 오감을 가진 존재이기 때문에 이 오감을 통해 들어오는 정보를 이성적 판단 없이 그냥 믿어 버리는 편견과 선입견을 가지고 산다. 요즘에는 가짜뉴스를 동영상으로 만들어 유튜브에 띄워 더 진짜처럼 보이도록 우리를 현혹한다. 이럴 때일수록 우리는 우리가 가진 이성이 제대로 작동하도록 해야 한다. 그래서 스피노자는 열정을 버리라고 충고했다. 사람이 열정적이 되는 순간 이성이 마비되는 경우가 너무 많기 때문이다. 나 자신도 지난날을 돌이켜 보면 어떤 것에 꽂혀 있을 때 이성이 완전히 마비되어 잘못된 결정이나 방향으로 간 경우가 많았다. 어떤 일을 할 때 열정을 가지라는 말은 좋은 의미이다. 그러나 스피노자가 말한 열정은 우리가 지나치게 감정적이 되지 말아야 할 것을 충고한 것이다.

# 전경과 배경

게슈탈트 심리학자들이 주장한 전경과 배경이 있다. 우리는 어떤 일을 처리할 때 우선순위가 있다. 머릿속을 맴맴 도는 것이 전경이다. 이 전경이 해결되어야만 배경에 있는 문제가 다시 전경이 된다. 이 이야기는 거꾸로 전경에 있는 문제를 속 시원히 해결하지 못하면 다른 일이 손에 잡히지 않는다는 것이다. 따라서 어떤 식으로든지 전경에 놓인 문제를 말끔히 해결하는 노력이 필요하다 그것이 스트레스를 덜 받는 삶이다. 매사에 일처리를 이런 식으로 하면 정리되어 가는 느낌을 받을 것이다. 더군다나 그것이 인간관계의 일이라면 더욱더 말끔히 해결해야 한다. 그런데 우리는 인간관계일수록 뜨뜻미지근하게 처리하는 경우가 많다. 특히 요즘에는 카톡으로 서로 간의 감정을 주고받다 보니 오해의 소지도 많다. 최소한 전화 통화를 하면서 해결하거나 아니면 직접 만나서 소통하는 게 인간관계의 법칙이다.

# 캐시카우

회사에서 자기네 제품군을 분류하는 방법이 있다. X축은 현금 창출이고 Y축은 성장 가능성이다. 이렇게 그려 놓고 사분면으로 나눈다. 그러면 네 영역이 이렇게 나누어진다. 성장 가능성도 없고 현금 창출도 안되는 dog 영역, 현금 창출은 높지만 성장 가능성은 낮은 cash cow 영역, 성장 가능성은 높지만 현금 창출은 안되는 problem child 영역, 그리고 성장 가능성도 높고 현금 창출도 잘되는 star 영역이 있다.

| 성장 가능성 | | |
|---|---|---|
| | problem child | star |
| | dog | cash cow |
| | | 현금 창출 |

여기서 우리가 주목해야 하는 영역이 두 곳 있다. 하나는 cash cow이고 다른 하나는 problem child이다. 캐시카우는 현재 돈을 잘 벌어 주지만 앞으로 성장가능성이 없기 때문에 조만간 정리될지도 모르는 사업이다. 그러나 현재 회사를 지탱해 주는 영역이기 때문에 소중하다. Problem child는 돈은 안되지만 장차 회사의 먹거리로 성장할 수 있는 영역이기 때문에 회사의 미래를 위해 투자해야 한다. 회사만 이런 게 아니다. 개인도 이 그림에 딱 들어맞는다. 당신이 학생이라면 현재 캐시카우에 해당하는 과목이 있다. 아마도 머리가 좋은 당신은 국어 영역이 여기에 해당할 것이다. 별로 노력을 들이지 않아도 모의고사에서 좋은 점수가 나오기 때문이다. 그런데 골칫덩이인 problem child도 있다. 아무리 공부를 해도 점수가 잘 안 오르는 과목이다. 영어 아니면 수학일 것이다. 그러나 이 두 과목은 미래에 당신이 수능에서 고득점을 하거나 훗날 중요한 시험을 통과하기 위해서는 반드시 투자해야 하는 과목이다. 캐시카우에 안주하지 말고 내 삶의 problem child를 찾아 과감히 도전하는 삶은 아름답다.

# 총균쇠

『총균쇠』라는 책이 서울대생들이 가장 많이 읽는 책으로 선정되기도 했었다. 이 책은 인류 역사를 바꿔어 온 것이 총과 균 그리고 쇠 라는 주장이다. 총과 쇠야 당연히 앞서나간 문명들이 가지고 있던 무기들이니 역사를 지배하는 건 당연한 귀결일 것이다. 우리가 여기서 주목해야 할 것은 균이다. 균은 어떻게 인류 역사를 지배해 왔는가? 일단 신대륙 발견과 균은 한편의 드라마이다. 신대륙을 지배하고 있던 어마어마한 잉카문명은 스페인 군대의 총, 칼에도 무너졌지만 그들이 유럽에서 묻혀간 균 때문에 일거에 전멸했다. 무균 상태로 살던 신대륙의 사람들은 유럽에 살던 사람들이 묻혀간 장티푸스 균에 의해 그대로 전멸했다. 이유는 무엇일까? 왜 신대륙은 깨끗하고 유럽은 지저분했는가? 그 이유를 저자는 가축에서 찾고 있다. 유라시아 대륙에서는 일찌감치 동물들을 가축화하였다. 사람이 동물을 집에서 기르면서 그네들은 균의 위협 속에서 살아왔다. 균에 의해 많이 희생되기도 했지만 역설적으로 균에 대한 면역력도 강화되어 온 것이다. 그러나 신대륙은 달랐다. 유라시아 대륙에는 소, 말, 돼지, 개 등 가축화할 동물들이 많았지만, 신대륙에는 가축화하기에는 너무 큰 맘모스나 코끼리와 같은 동물들밖에 없었다. 그래서 신대륙 사람들은 이 맘모스나 코끼리를 다 잡아먹고 동물들을 가축화하는 일이 없었다. 당연히 그네들은 무균 상태로 몇천 년을 살아온 것이다. 이렇게 깨끗한 곳에 유럽인들이 헤집고 다녔으니 균에 의해 일시에 신대륙 사람들이 전멸한 것은 당연지사.

하루 열 줄 이상 글쓰기

## 비행기표 대란 사태

지난 2022년 9월 친구 세 명이 치앙마이를 가기로 의기투합했다. 겨울 방학을 이용해 치앙마이로 골프 여행을 가자는 제안이었다. 당연히 내가 자주 가는 곳이라 내가 가이드를 자처했다. 일단 10월 초에 비행기표를 끊었다. 여기서부터가 문제의 시작이었다. 핸드폰에서 앱을 열고 항공편을 검색했다. 1월 26일 인천공항을 출발하여 2월 5일 돌아오는 일정이었다. 제주항공이 가장 싼 가격으로 검색되었다. 약 80만 원. 그런데 여기서 나는 무심코 영어로 Treble 뭐라는 곳이 눈에 띄어 이곳에서 세 명의 비행기표를 예약했다. 현대카드로 결제까지 마쳤다. 그리고 2~3일 후 예약이 잘되어 있는지 확인차 제주항공에 전화를 걸었다. 어렵게 연결된 제주항공에서는 아직 예약이 안 되어 있다고 했다.

나는 그 순간 내가 혹시 보이스피싱을 당한 건 아닌지 염려가 되었다. 그리고 현대카드에 이리저리 전화를 엄청 했다. 사람이 당황하면 진땀이 난다. 어렵게 연락된 현대카드 보이스 피싱 방지 담당자는 일단 무이자 3개월로 돌려놓을 테니까 그 해외여행사에 계속 연락을 취해 보라고 했다. 메일이라도 계속 남겨 놓으라고 했다. 그래야 나중에 증거자료로 사용할 수 있다고 했다.

아! 이게 뭔 일이래! 그냥 제주항공에 직접 전화해서 예약할 걸 괜스레 앱에서 예약을 해서 이 무슨 고생일까 하고 생각했다. 그러다 아는 동생이 여행사에 근무한다는 사실을 떠올려 전화를 해서 사정 이야기를 했다. 제주항공 예약이 제대로 되어 있는지를 확인해 달라고 했다. 잠시 후 전화가 왔다. 예약이 잘 되어 있다고. 휴 다행이다. 돈을 좀 내면 비행기 앞좌석을 미리 선점할 수 있다고 해서 1인당 3만 원씩 9만 원을 보내 줬더니 앞자리로 배정을 받아 놓았다. 이제 겨울에 치앙마이에 가서 골프 치고 힐링할 일만 남았다. 그런데 일주일 이주일 지나면서 걱정이 몰려왔다. 내가 마음속 여백[17]이 없어 개인적인 문제로 해외를 나갈 수 있을지가 걱정이었다. 그렇게 한 달이 지난 후 결단을 내렸다. 나는 못 가니 둘이서 갔다 오라고 하였다. 그리고는 12월 10일 그 친구들이랑 모임을 했는데 내가 안 가니 자기들도 안 가는 게 좋겠다고

---

했다. 이런~. 이제부터는 해약 전쟁이 시작되었다.

핸드폰 앱을 들어가 봐도 예약만 나와 있지 취소 버튼은 아예 존재하지도 않았다. 그 해외여행사에 연락할 길이 없었다. 제주항공에 전화해 봐도 이것은 자기들하고는 상관없는 티켓이라 자기들도 어떻게 할 수 없다고 했다. 다시 여행사 아는 동생에게 도움을 요청했다. 취소 좀 해 달라고. 일단 지난번에 주었던 앞자리 예약비 9만 원은 바로 환불을 받았다. 그리고는 그 해외여행사에 메일을 보냈다고 했다. 그 이후로 계속 소식이 없었다. 나도 어찌 되겠지 하고 기다렸다. 그렇게 12월 말이 되자 안 좋은 소식이 들려왔다. 그 해외여행사가 파산을 했다는 것이었다. 아예 연락 자체를 받지 않는 것이었다. 여행사 동생도 이제는 어떻게 할 수 없는 상태라고 했다.

다음 날 제주항공에 전화를 했다. 내가 난처한 상황에 빠졌다고 하면서 사정 이야기를 했다. 우리 셋이 못 가는 게 확실하니 제주항공에서 그 자리를 팔아서 그 돈을 우리에게 주면 되지 않겠느냐고 했다. 그랬더니 제주항공 안내원이 잠시 기다리라고 하고서는 회의를 한 3분 정도 하더니 자기들이 어떻게 할 수 있는 티켓이 아니라고 죄송하다고 했다. 이제 현대카드에 전화해서 빠져나간 돈을 환불받는 전쟁을 해야 했다. 어렵게 현대카드에 전화가 연결되었다. 이리저리 연결하여 해외분쟁 담당자랑 연결이 되었다. 지금까지의 사정 이야기를 다했다. 그 담당자가 지금까지 보냈던 증거자료들을 PDF 파일로 묶어서 보내 달라고 했다. 지금까지 보냈던 메일을 PDF로 저장하여 메일로 보냈다.

2023년 1월 6일 해외분쟁 담당자가 전화가 왔다. 이제 서류 정리는 다 끝나고 마지막으로 팀장님이 전화가 갈 것이라고 했다. 다음주 월요일 1월 9일 현대카드 해외분쟁 팀장이 전화가 왔다. 이제 최종적으로 분쟁 건으로 집어넣는다고 하면서 최장 90일 정도까지 걸릴 수도 있다고 하였다. 나는 알았다고 하였다. 이제 승소를 할지 패소를 할지는 하늘에 맡기는 수밖에 없다(여기까지가 1월에 쓴 내용임).

그렇게 세월은 흐르고 흘러가고 있었는데, 2023년 2월 3일 문자 하나가 왔다.

[현대카드] 김*훈님, TEAVELGEENI 사용 취소건으로 02/03 농협중앙회 계좌로 2,479,393원 환불 완료되었습니다.

와우! 해외분쟁 소송에서 승소를 한 것이었다. 그 당시 결제액이 244만 얼마였는데 환율이 조금 진정되는 바람에 몇만 원 더 벌었다. 그 당시 핸드폰 문자를 확인해 보니 결제액이 2,448,618원이고 환불받은 게 2,479,393원이니 30,775원 이득을 보았다. 아무튼 친구들한테 민폐를 끼치는 줄 알았는데 해결되어 정말 다행이었다. 친구 두 명에게 비행기값으로 받았던 80만 원을 계좌로 쏴 주었다. 휴~ 하고 해결의 마침표를 찍는 순간이었다.

# 원의 이데아

플라톤 철학 하면 이데아가 떠오른다. 이데아란 개념이 정확히 무엇인가? 지금 바로 종이에 원을 그려 보자. 동전을 대고 그리든 컴퍼스로 그리든 아주 동그랗게 그려 보자. 자 그러면 그 원은 완벽하다고 할 수 있는가? 중심으로부터 일정한 거리에 있는 점들을 연결한 것이 원의 정의이다. 이 정의에 완벽히 들어맞는 원은 이 지구상 어디에도 없다. 그러면 완벽한 원은 어디에 있는가? 바로 당신의 생각 속에 있다. 그것이 원의 원형이다. 그것이 원의 이데아이다. 우리가 사용하는 모든 원은 이 원의 원형을 빌려다 쓰고 있는 것이다. 이 세상 모든 만물이 다 마찬가지이다. 장미꽃도, 의자도, 책상도 모두 이데아 세계에 있는 완벽한 원형을 빌려서 피어난 것이고 우리가 쓰고 있는 것이다. 플라톤이 이렇게 주장한 이유는 무엇일까? 그것은 소피스트들이 주장한 상대론 때문일 것이다. 인간은 만물의 척도라고 하면서 진리란 그때그때 달라지는 것이라는 소피스트들의 주장과 허세로 소크라테스가 죽임을 당했고 그 엄청난 비극 속에 플라톤은 이 세상 모두는 가짜임을 확신했다. 서양 철학의 전부라고 할 수 있는 플라톤 철학은 이렇게 이데아에 대한 생각으로부터 출발했다.

# 종심소욕 불유구

무슨 뜻일까? 한자로는 이렇다. 從心所欲不踰矩. 종심은 마음을 따른다는 것인데 종심소욕 즉, 마음속에 있는 욕심을 따라도 불유구 여기서 구는 법도를 말한다. 따라서 법도에 어긋나지 않는다. 쉽게 말해 마음 내키는 대로 행동해도 법도에 어긋나지 않는다는 것이다. 그야말로 인격완성의 최고봉이라고 할 수 있다. 공자가 자신의 인생을 되돌아보면서 70세를 이렇게 표현했다. 우리가 인생을 살면서 추구해야 할 지고지순한 가치 네 개가 있다. 바로 진선미성이다. 이 네 개의 가치는 추구하면 추구할수록 좋은 것이다. 진리추구가 그렇고 인격완성이 그렇고 예술과 종교가 그렇다. 이 진선미성 중 선(善)이 바로 인격완성이다. 인격완성은 아무리 높이 쌓아도 넘어질 일이 없다. 공자가 그 반열에 오른 성인이다. 서양에도 보면 이러한 깨달음을 이야기한 학자가 있다. 바로 칸트다. 그는 생각하면 할수록 감탄을 불러일으키는 두 가지가 있는데 하나는 밤하늘에 별들이 서로 질서 있게 운행한다는 사실과 다른 하나는 어떻게 인간의 마음속에 양심이 있는가 라는 사실이었다. 칸트가 깨달은 바 인간의 마음속에는 지고지순의 양심이라는 것이 있고 이것을 따라 행동할 때 인격 완성의 최고봉에 이른다는 것이다.

진선미성 중 우리 같은 보통 사람이 그래도 따라갈 수 있는 영역이 선(善)의 영역이 아닌가 싶다. 진리탐구나 예술작품 완성, 종교적 성자의 반열은 보통 사람이 접근하기 어렵지만 그래도 선은 사람 된 도리에 최선을 다하다 보면 기본은 하게 되고 그게 법 없이도 살 수 있는 사람이고, 그 사람이 바로 마음 내키는 대로 행동해도 법도에 어긋나는 행동을 하지 않는 사람일 것이다.

### 하루 열 줄 이상 글쓰기

## Who am I

나는 누구인가? 나는 어떤 존재인가? 나의 취미는 무엇인가? 나의 성격은 어떠한가? 나는 무얼 할 때 행복한가? 나는 내 삶의 주인으로 살아가고 있는가? 내 인생의 목표는 무엇인가? 이렇게 나에 관한 끝없는 질문이 나를 성장시킨다. 그래서 소크라테스는 성찰하지 않는 삶은 가치가 없다고 일갈했다. 끊임없이 나의 실존을 찾아가는 삶은 아름답다. 키르케고르는 그것을 3단계로 설명했다. 1단계는 감각적 쾌락을 추구하는 단계이다. 누구나 그렇듯 인간은 눈앞에 쾌락과 이익에 집착한다. 인간은 누구나 자기중심적이다. 그러나 이런 삶에는 부메랑이 돌아온다. 바로 쾌락의 역설이다. 무분별한 쾌락의 추구는 우리를 오히려 고통 속으로 몰아넣는다. 그래서 1단계에서 인간은 불안과 허무를 느껴 2단계로 나아간다. 바로 윤리 도덕적인 삶을 살아가는 것이다.

이제 정신을 차리고 자기 나름대로 올바로 살기 위해 각고의 노력을 한다. 그럼에도 불구하고 2단계에서도 우리는 불안을 느낀다. 우리 마음속에 있는 윤리적 감수성으로 인해 조그마한 잘못에서 불안과 허무를 느끼며 완전한 실존을 찾지 못한다. 그래서 바야흐로 인간은 3단계로 나아간다. 종교적 실존의 단계이다. 바로 '신 앞에 선 단독자'다. 신 앞에 홀로 서서 자기 자신을 돌아볼 때 진정한 실존이 찾아온다는 것이다. 우리 같은 평범한 사람은 2단계만 성취해도 훌륭하다고 할 수 있는데 키르케고르는 왜 꼭 신 앞에 홀로 서 보라고 주문했을까?

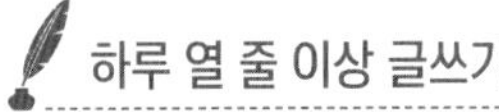


## 영웅들은 자소서를 쓸까?

영웅들은 자소서를 쓸까? 영웅들은 이력서를 가지고 나를 써 달라고 여기저기 다닐까? 전혀 아닐 것이다. 그냥 강이나 호숫가에서 찌 없는 낚시를 드리우고 세월을 낚고 있었을 것이다. 그때 누군가 찾아와서 삼고초려하면 부시시 일어나 찾아온 이를 따라 대국의 군대를 지휘하는 총사령관으로 가는 게 영웅의 그림이다. 단, 이 그림에는 조건이 있다. 강호에서 낚시를 드리우고 있는 그 영웅의 내공이 장난이 아니어야 한다는 것이다. 우리는 이런 인재로 커 나가야 한다. 여기 네 종류의 사람이 있다. 그릇도 큰 사람, 그릇만 큰 사람, 그릇만 작은 사람, 그릇도 작은 사람. 여기서 그릇은 그 사람이 지닌 잠재 가능성을 말한다. 그러나 아무리 작은 그릇이라 하더라도 우리는 평생 그것의 1/3도 실현시키지 못하고 죽는다. 중요한 건 그릇이 아니다. 내가 얼마나 노력하여 그 잠재 능력 중에서 밖으로 표출된 영역을 최대한으로 끌어올리느냐에 있다. 그 최대치가 당신을 영웅으로 만든다. 그런 당신은 이력서나 자소서를 쓰면서 자신을 알릴 필요가 없다. 헤드헌터들이 알아서 찾아올 테니 말이다.

하루 열 줄 이상 글쓰기

## 한국 융합 문화의 역사

문화가 강한 나라가 진짜 부강한 나라라고 김구 선생님은 말씀하셨습니다. 우리 대한민국은 문화강국입니다. 이러한 K-융합 문화의 힘은 저절로 탄생한 것이 아닙니다. 예전부터 이어져 내려오는 기존 문화와 새로운 문화를 융합하는 힘이 우리에게는 있었습니다. 최치원은 풍류도에서 공자, 석가모니, 노자의 사상이 전래되기 이전부터 우리 문화 속에 그러한 유불도의 사상이 이미 녹아 있었다고 적고 있습니다. 더 거슬러 올라가면 단군의 건국 이야기 속에 담겨진 천지인의 조화 사상이 바로 융합 문화의 출발입니다. 하늘의 환웅과 땅의 웅녀 사이에서 단군이 태어난 것이 바로 천지인의 조화 사상입니다. 이러한 K-융합 문화는 원효의 화쟁 사상으로 이어집니다. 기존에 전래된 귀족 중심의 불교를 대중들이 쉽게 다가갈 수 있도록 대중들의 문화와 기존 불교를 융합한 사상가가 원효입니다. 원효를 거쳐 한국불교에 선종이 전래됩니다. 기존에 들어온 교종과 선종은 당연히 융합을 시도합니다. 고려시대 의천과 지눌이 이 작업을 했습니다. 한국 융합 문화의 역사는 조선에서도 이어집니다. 조선은 성리학의 나라입니다. 조선의 성리학자 이이는 성리학의 주요 개념인 이와 기의 조화를 추구한 사상가입니다. 이이의 이통기국론이나 이기지묘 사상은 K-융합의 맥을 이어갑니다. 구한말 동학의 인내천 사상도 융합 사상이 담겨 있습니다. 이 세상 모든 사람이 평등하다는 동학의 사상은 기존의 신분제도를 타파하고 모든 사람이 함께 어우러지는 세상을 꿈꾸었습니다.

# 신권과 왕권

한중일 중에서 신권이 가장 쎈 나라는 어느 나라라고 생각하십니까? 청나라 서태후는 장장 47년 동안이나 패륜 정치를 했음에도 그를 내치는 신하는 없었습니다. 일본이 중국에 쳐들어가서 난징이라는 도시에서 중국인들을 연병장에 세워놓고 한 명씩 칼로 쳐 죽일 때 떼거지로 덤비거나 난동을 부리는 중국인은 없었습니다. 그냥 부동자세로 일본 군인들의 칼을 맞고 마치 대나무처럼 쓰러져 갔던 것이지요. 왜 그럴까요? 중국인들은 왜 이렇게 불의에 맞서 싸우는 투지가 부족할까요? 중국인들이 이렇게 온순한 이유는 이 땅 위에 천자가 있고 이 천자의 윤허에 따라 세상이 돌아간다고 생각해서 그럴거라고 생각해 봅니다. 일본은 어떤가요? 일본도 중국과 다르지 않습니다. 일본은 천황이라는 절대 지존의 신을 모셔놓고 그 아래에서 모든 정치를 이어나가는 구조입니다. 국민들은 더군다나 아래에 아래를 형성하고 있으므로 반란을 꾀한다거나 지도자를 탄핵한다거나 하는 일은 엄두도 내지 않습니다. 일본의 자민당 정권은 장기 집권의 극치입니다. 자민당 내에서 계파만 존재할 뿐 일본의 정치는 그 나물에 그 밥입니다. 일본 국민들은 정치에는 별 무관심입니다. 정치는 자기네들과는 별 상관이 없다는 식입니다. 이렇듯 중국과 일본 국민들의 정치 성향은 좀 후진적입니다. 그러나 우리나라는 다릅니다. 우리 역사는 다릅니다. 왕이 잘못하면 곧바로 탄핵하는 것이 우리의 역사입니다. 이러한 전통을 세우게 된 연원이 정도전의 역성혁명론일 것입니다. 왕이 왕답지 못하면 언제든 내칠 수 있다는 것이 역성혁명론입니다. 바야흐로 왕권과 신권의 대립입니다. 조선왕조 5백년은 이 왕권과 신권의 대립의 역사라고 할 수 있습니다. 역성혁명론에 따라 왕의 역할을 잘못한 연산군은 곧바로 신하들에 의해서 축출됩니다. 정통성을 잃어버린 광해군도 곧바로 신하들에 의해서 축출됩니다. 우리 조선의 역사는 이렇게 왕권과 신권의 팽팽한 경쟁속에서 유지되어 왔습니다. 중국과 일본과는 남다릅니다. 우리는 왕이 잘못하면 곧바로 징계에 들어갑니다. 아무리 왕이라 할지라도 신하들 눈치를 봅니다. 왕이 잘못된 결정을 하면 유생들이 들고 일어나 상소에 상소를 올립니다. 역사적으로 보면 묘청의 난이니 홍경래의 난이니 해서 정권 자체를 뒤집어 엎으려는 혁명적인 시도 또한 많았습니다. 현대에 들어서 이러한 전통이 이승만을 하야시켰고, 박정희를 쏘아 버렸으며, 박근혜를 탄핵한 것입니다. 그만큼 한국은 중국 일본과 확실히 다릅니다.

# 인생이란 자동차

자동차는 네 바퀴로 굴러간다. 인생도 마찬가지다. 인생을 잘 굴러가게 하는 네 바퀴는 무엇일까? 건강, 가족, 직업, 친구다. 우선 건강이다. 건강의 소중함이야 두말하면 잔소리다. 행복의 90%는 건강이 결정한다. 신체적 건강도 중요하지만 마음의 건강도 중요하다. 우울증이 신체를 죽인다. 그만큼 마음을 다스리는 일이 중요하다. 다음은 가족이다. 가화만사성이다. 가족이 화목해야 모든 일이 잘 풀린다. 가정이 평화롭지 못하면 하루 종일 스트레스다. 일이 끝나도 돌아가 쉴 안식처가 없다. 우리는 하루 종일 일을 하며 심신이 지쳐 간다. 이때 편안한 집에서 쉬어 주어야 다음 날 다시 일할 수 있다. 세 번째는 직업이라는 바퀴다. 인생을 보람 있게 살기 위해 필요한 것이 직업이다. 사람은 누구나 꿈을 꾼다. 그 꿈을 실현하는 것은 직업을 통해서다. 그리고 우리는 직업을 통해 생계를 유지한다. 먹고사는 문제가 해결이 안 되면 모든 것이 나락이다. 생계도 유지하고 자아도 실현하고 사회에 봉사도 하는 것이 직업이다. 마지막으로는 친구[18)]다. 여가를 어떻게 즐기느냐가 인생이라는 자동차의 마지막 퍼즐을 맞추어 준다. 일만 하며 산다면 우리는 노예다. 취미생활을 하며 인생을 즐길 줄 아는 자가 행복하다. 건강, 가족, 직업, 친구, 자동차 네 바퀴가 잘 굴러가야 인생이 행복[19)]하다. 네 바퀴 중 하나가 바람이 빠져도 차가 기우뚱거린다. 하나가 펑크 나면 인생이 멈출 수도 있다.

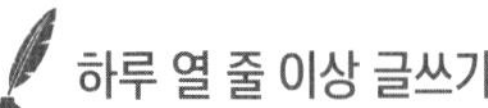

## 우리 조상들이 이렇게 먹었을까?

지금 내가 하고 있는 식사가 올바른 식사인지 알아보는 방법이 있습니다. 그것은 우리 조상들이 이렇게 먹었을까? 라고 생각해 보는 것입니다. 피자와 햄버거는 당연히 제외되겠고요, 통닭도 지금처럼 치킨으로 먹지 않고 닭을 삶아서 먹었습니다. 양배추, 브로콜리, 피망과 같은 서양 채소를 먹었을 리 없었겠죠? 더군다나 채소에 달콤한 드레싱을 뿌려 먹는 조상님은 한 명도 없었습니다. 채소를 사시사철 먹지도 않았습니다. 여름철에는 겉절이를 해서 먹었습니다. 과일은 귀해서 한 조각 정도만 먹었습니다. 바구니에 수북이 과일을 쌓아 놓고 먹는다거

나 과일로 식사를 대신하는 조상들은 단 한 명도 없었습니다. 왜 자꾸 조상들의 식사를 들먹일까요? 요즘 대한민국은 의료 천국입니다. 병원이 넘쳐 나고 그 많은 병원에 사람이 넘쳐 납니다. 의료보험 수가는 계속 상승합니다. 우리나라처럼 의료시스템이 잘 되어 있는 나라가 없다고 자랑삼아 이야기합니다. 그러나 병원 영업이 잘된다는 것은 그만큼 우리나라 국민들이 건강하지 못하다는 증거입니다. 많은 사람들이 현대병을 앓고 있는 것은 우리 조상들이 하던 식사와 전혀 딴판인 것들을 먹고 있기 때문입니다. 단연코 말하건대 조상님들이 하던 식사로 회귀하면 우리나라 병원에 절반은 문을 닫을 것입니다. 예를 하나 들어볼게요. 현대인 하면 당뇨병이 생각날 정도로 당뇨환자가 많습니다. 왜 그럴까요? 모두 조상님들과는 다른 식사를 하기 때문입니다. 몸속에 노폐물이 많이 생기는 식사를 하기 때문입니다. 엄청난 육식에 달콤한 채소나 과일, 피자나 햄버거와 치킨 등을 먹어 몸에 노폐물이 많아 혈당이 몸에 많음에도 노폐물로 인하여 세포 속으로 당이 들어가지 못하고 뇨로 빠지는 것입니다. 세포는 당이 없으니 우리는 또 힘이 안 생기고 다시 단것을 찾는 악순환으로 이어지는 것입니다.

# 아모르파티[20)]

네 운명을 사랑하라. 글의 진도가 안 나간다. 그렇게 쉽게 써지던 글이 어떤 날은 잘 안 써진다. 왜 그럴까? 주제가 무거워서 그럴까? 아모르파티! 네 운명을 사랑하라. 나에게 주어진 운명을 사랑하는 방법은 무엇일까? 방법은 자신의 운명을 사랑하는 데 방해가 되는 것들을 걷어 내는 것이다. 방해가 되는 요소들은 사람마다 조금씩 다르다. 나의 경우는 위선이라고 말하고 싶다. 뭔가 내세우고픈 위선적인 것이 있다. 지금 이 순간부터 이것을 버리자. 놓아라 놓아라! 지금의 처지에 만족하라! 그것이 네 운명을 사랑하는 방법이다. 사랑하는 가족이 있고, 먹고살 만한 경제적 여유도 있고, 반겨 주는 친구들도 있고, 즐길만한 운동도 있고, 해외에 베이스캠프도 있고 이러면 된 거 아닌가? 내 운명을 사랑할만하지 않는가? 아모르파티! 김연자의 노래이기도 하다. 가사 중에 이런 말도 있다. 자신에게 실망하지 마 모든 걸 잘할 순 없어 오늘보다 더 나은 내일이면 돼 인생은 지금이야~. 맞다. 무조건 우리는

어제의 나와만 비교하며 살면 된다. 눈곱만큼이라도 어제보다 더 나은 오늘의 '나'이면 된다. 그러면 당신은 당신의 운명을 사랑하는 것이다.

하루 열 줄 이상 글쓰기

## 메타인지가 가장 높았던 사람

메타인지가 무엇인가? '나' 위의 '나'이다. 내 위에서 나라는 존재가 어떤 존재인지 가늠하고 있는 또 다른 '나'이다. 이 메타인지라는 개념은 1970년대 심리학자 플라벨이 만들었다. 이렇게 자신의 위치를 정확히 아는 자가 성공에 가까이 있다. 자신의 생각에 대해 판단하는 능력을 말한다. 상위인지, 초인지라는 용어를 쓰기도 한다. 역사상 이 메타인지가 가장 높은 사람을 찾으라면 누굴 내세울까? 나는 소크라테스를 말하고 싶다. 소크라테스의 명언 '너 자신을 알라'라는 말은 너 자신의 무지를 알라는 말로 바로 너 자신의 분수와 처지를 알라는 말이다. 네가 현재 무엇을 알고 무엇을 모르는지 정확히 알라는 말이다. 그래서 소크라테스는 말했다. 나는 적어도 내가 무얼 모르는지는 정확히 안다고. 『논어』에도 나와 있다. 아는 것을 안다고 하고 모르는 것을 모른다고 하는 것, 그것이 곧 앎이다. 동서양의 사상이 같은 생각이다. 최고의 철학자들은 서로 상통하는 법이다.

하루 열 줄 이상 글쓰기

## 문재인 정권 5년의 허송세월

문재인은 노무현 정권 시절 청와대 비서실장을 했다. 노무현이 가장 아끼는 친구가 문재인이었다. 그 당시 노무현 정부는 강력한 드라이브 개혁 정책을 실시하려고 하였는데 거기에 강력한 힘을 불어넣어 준 것이 아이러니하게도 노무현 탄핵 사건이다. 당시 한나라당은 의석수 많음의 뻘짓으로 2004년 3월 12일 노무현 탄핵을 밀어붙였고 이는 완벽한 역풍을 맞았다. 바로 창당한 지 한 달밖에 안 된 열린우리당이 2004년 4월 총선에서 152석이나 차지하는 기염을 토한 것이다. 이제 노무현 정권은 강력한 힘을 얻었다. 국회 다수당을 차지한 열린우리당과 힘을 합쳐 강력한 개혁 드라이브를 걸면 되는 형국이었다. 그때 개혁 드라이브의 핵심은 4대 개혁 입법이었다. 국가보안법 폐지, 사립학교법 개정, 과거사 진상 규명법, 언론관계법 이다. 그리고는 가장 먼저 시행한 것이 사립학교법 개정이었다. 그런데 이것이 노무현 정권의 발목을 잡았다. 한나라당은 국회 등원 거부 운동을 하며 장외투쟁을 벌였다. 박근혜를 필두로 한 한나라당 의원들 대부분이 사학 재벌이었기 때문에 더 반대 투쟁을 벌인 것이다. 이 반대 투쟁은 온 나라를 양분해 버렸다. 한쪽에서는 사학법 개정을 지지하는 전 국민 운동, 반대편에서는 사학법 개악을 개탄하는 전 국민 운동이 연일 벌어졌다. 사태는 걷잡을 수 없이 번져 노무현 정권이 원래 계획했던 다른 법들의 개혁은 엄두조차 못 내는 형국으로 흘러갔다. 정국은 꽁꽁 얼어붙어 도대체 풀릴 기미가 보이지 않았다. 이제 노무현 정권도 한 발자욱도 움직이지 못하는 개혁 드라이브에 피곤이 서려 왔다. 결국 다음 해 1월 말에 열린우리당 김한길과 한나라당 이재오가 산상회담을 벌여 사학법 재개정에 합의하게 된다. 이렇게 2005년 개정된 사학법은 계속되는 반대 투쟁 속에 2007년 7월 4일 재개정에 이르게 된다. 이러한 과정이 노무현 정권의 레임덕을 가속화시켰다. 이러한 과정을 바로 옆에서 지켜본 사람이 문재인 비서실장이다. 문재인은 2017년 5월 장미 대선으로 대통령이 되었다. 이 시기가 얼마나 중요하냐 하면, 바로 전 해인 2016년 3월 16일이 알파고가 이세돌을 이긴 날이다. 그 당시 세계를 휩쓴 말이 4차 산업혁명과 인공지능이다. 이러한 거대한 파고 앞에 대한민국 교육개혁은 절체절명의 시기에 봉착해 있던 것이다. 그러나 문재인 정권 5년 동안 대한민국 교육개혁은 한 발자욱도 앞으로 나아가지 못했다. 그냥 죽은 자식 부랄 만지기처럼 죽어 가는 환자를 여기저기 땜질 처방한 것에 지나지 않는다. 그 사이 세상은 빠르게 4차 산업혁명과 인공지능 시대로 빨려 들어갔다. 2017년부터 2022년까지 대한민국 교육은 변한 게 하나도 없다. 단적인 예를 하나 들면 바로 이웃 나라인 일본조차도 대학입시에 일대 변혁을 가져왔다. 바로 대입 제도에 IB(국제 바칼로레아)를 도입한 것이다. 이러는 사이 우리는 그냥 손 놓고 5년의 세월을 보낸 것이다. 아직도 학교에서는 정답 찾기 교육에 함몰되어 있다. 초중고를 거쳐 대학에 와서도 정답 찾기 교육 일색이다. 하루빨리 대한민국 교육을 수렁에서 건져 내야 한다.

## 콜레스테롤

콜레스테롤 하면 어떤 생각이 드시나요? 우리 몸에 필요한 것인데 너무 높으면 안 좋은 것이라는 느낌 맞나요? 네 맞습니다. 콜레스테롤은 세포막의 성분이기도 하고 호르몬을 만드는 원료이기도 한 우리 몸에 꼭 필요한 성분이지만 너무 높아지면 혈액이 탁해지고 혈관에 혈전을 만든다고 알려져 있습니다. 콜레스테롤이 높아지면 고지혈증이라는 진단을 받습니다. 피가 빽빽해지는 것이죠. 그러면 고지혈증 약을 먹으라고 의사는 권합니다. 그러나 콜레스테롤이 높아진 이유가 무엇일까요? 원인을 알면 그 원인을 치유하면 되는 것입니다. 약부터 들이 대기 전에요. 우리 몸에 약이 들어가면 일단 간에게 신고를 해야 합니다. 알콜보다 안 좋은 것이 약입니다. 우리 몸은 한 톨의 약도 필요치 않습니다. 그만큼 우리가 먹는 음식으로 우리 몸을 건강하게 유지할 수 있습니다. 콜레스테롤 관리도 마찬가지입니다. 콜레스테롤을 높게 만드는 고기, 생선, 우유를 줄이면 콜레스테롤은 곧바로 낮아집니다. 한 달만 고기, 생선, 우유를 끊어 보세요. 콜레스테롤은 신기하게도 곧바로 정상으로 돌아갈 것입니다.

하루 열 줄 이상 글쓰기

## 체리 피커

체리 피커란 기업의 상품이나 서비스를 구매하지 않으면서 실속만 차리는 소비자를 지칭한다. 케이크에서 체리만 쏙 빼먹는 행위에 빗대 나온 말이다. 신용카드 발급 시 제공되는 혜택만 누리고 카드는 잘라 버리는 고객을 가리키는 말이다. 우리 세대 때는 호갱이란 말이 유행했었다. 호구 고객이란 의미다. 그만큼 기업의 마케팅 술에 속아 쓸데없이 비싼 돈을 주고 같은 상품을 사는 호구였던 것이다. 그러나 요즘 세대는 완전히 다르다. 매장에 들러 3만 원짜리 티셔츠 한 장을 사면서도 핸드폰으로는 동일 상품을 검색한다. 농산물 시장에 가서 과일 1박스를 앞에 두고 네이버에서 가격을 비교한다. 이러한 체리 피커의 직격탄을 맞은 곳이 있다. 바로 고속도로 휴게소이다. 지난 시절 휴게소는 황금알을 낳은 거위였다. 지난 오랜 시절 한 대통령 측근이 고속도로 개통 시 휴게소 하나를 할당받아 챙겼다는 기사로 나라 전체가 시끌벅적했던 때가 있었다. 그만큼 대통령이 참모에게 휴게소 운영권을 주기도 했을 만큼 휴게소는 황금알을 낳는 거위였다. 그러나 요즘에 휴게소는 그야말로 죽을 맛이다. 휴게소를 들러도 체리 피킹처럼 필요한 화장실만 가고 그대로 가 버리는 고객들이 많다.

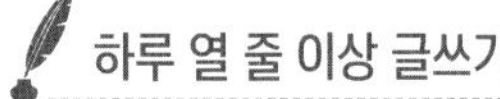

하루 열 줄 이상 글쓰기

## 이야!!!

감탄 속에서 창의성이 나온다. 아주 조그마한 일에도 이야!!! 하고 감탄을 해 보자. 그러면 그 일이 저절로 즐거워질 것이다. 갓 태어난 아기를 엄마는 어떻게 키울까? 아기가 아주 미세한 변화만 보여도 엄마는 감탄 그 자체이다. 그 감탄을 먹고 아기는 자란다. 그 감탄이 한 번일까? 아니다. 당연히 매일매일 일어난다. 아기는 자신감 뿜뿜이다. 이렇게 웃을 때, 엎칠 때, 앉을 때, 설 때, 걸을 때 엄마의 응원은 폭발한다. 그러면서 한 인간으로 성장하는 것이다. 이렇게 인간은 감탄을 먹고 자란다. 제1차 세계대전 당시 미국에는 고아가 엄청 많이 생겨났다. 국가에서는 수많은 고아들을 아주 깨끗한 환경에서 자라도록 지원을 아끼지 않았다. 그러나 고아원 아기들의 사망률은 30%가 넘었다. 고아원에서는 노심초사하며 아기들이 잘 자라도록 환경에 더욱더 신경썼지만 사망률은 떨어지지 않았다. 그런 사망률을 10% 이하로 떨어지게 만든 건 간호사들이 아기들을 하루에 몇 번씩이라도 안아서 어르고 달래 주는 일이었다. 아무리 깨끗한 환경을 만들어 주어도 아기들은 정서적으로 메말라 가면서 죽어 갔던 것이었다. 그런 아기들을 돌아가면서 안아 주자 아기들은 안정감을 찾아가며 얼굴에 생기가 돈 것이다.

하루 열 줄 이상 글쓰기

## 줄임말 문화

얼어 죽어도 아이스 아메리카노를 고집하는 사람들을 줄여서 얼죽아 라고 부른다. 일단 재미있는 표현이다. 이렇게 줄임말에는 유머가 들어 있다. 줄임말의 대표는 치맥이다. 한국의 치맥 문화는 전 세계가 알아준다. 월드컵 시즌이나 가을야구 시즌에는 치킨 배달 전쟁이다. 치킨에 맥주를 먹으면서 월드컵 경기를 시청하는 것은 소확행이다. 소소하지만 확실한 행복이다. 우리 주위에는 소확행이 정말 많다. 아침에 눈뜬 사실이 소확행이다. 재미로 하는 이야기가 아니다. 밤새 안녕이라는 말이 있다. 하루하루 건강하게 살아간다는 것은 행복 중의 행복이다. 무소식이 희소식도 소확행이다. 멀리 떨어져 사는 가족이 많은 요즘 서로 별일 없이 하루하루 지나는 일상이 소확행이다. 일상의 소중함은 일상이 깨져 보면 안다. 그저 그런 하루하루가 얼마나 고마운지. 다음은 의식주일 것이다. 호화스러운 생활은 아닐지라도 삶의 안식처가 있다는 것 또한 확실한 소확행[21]이다. 그러고 보니 하루를 별일 없이 보내면서 겉바속촉한 맛있는 음식 먹는 것 또한 행복이다. 겉은 바삭하고 속은 촉촉한 쿠키를 먹으며 별다줄 이야기를 하는 것도 재미있다. 요즘에는 이렇게 별걸 다 줄인다. 코인노래방은 코노, 군침이 싹 돈다는 군싹, 갑자기 분위기 싸해지는 것은 갑분싸 등등 요즘에는 줄임말을 모르면 대화가 안 될 정도이다.

---

# 전문가의 저주

망치를 든 사람에게는 모든 것이 못으로 보인다. 우리 주위에는 수많은 전문가들이 있다. 그러나 그 전문가라는 사람들이 때로는 잘못된 판단을 하여 일을 그르치는 사례가 많다. 그 사람들이 전문가임에도 잘못된 판단을 하는 이유는 지엽적인 시각으로 분석하기 때문이다. 전체적인 면에서 패턴을 인식해야 함에도 오랜 기간 그 일을 하다 보면 이른바 매너리즘에 빠지게 된다. 1+1은 2라는 틀에 박힌 판단을 하게 되는 것이다. 자신의 능력을 과신하거나 일을 대하는 자세가 초심일 때와는 다르게 방심한다거나, 자기 스스로 우쭐대는 명예심에 빠져 판단력이 흐려지는 것이다. 우리 주위에는 이런 전문가 저주 현상이 너무나 많다. 한 예로 사람을 키우는 전인교육이 교육의 핵심일진대 입시경쟁과 성적지상주의에 몰두하는 교육계의 현실이 그런 경우이다. 교육부나 교육청의 칸막이 속 불통 행정이 전문가 저주의 대표적인 예일 것이다. 또 하나의 예는 지나치게 분파되어 있는 의료계의 현실이다. 증상에 따라 처방이 지엽적이다 보니 유기체인 몸을 전체적인 면에서 판단하는 것이 흐려질 수 있다. 경제 분야도 마찬가지이다. 어떤 문제든 실타래처럼 얽혀 있는 것이 경제문제이다. 그런데 그 처방이 어느 부분에 대한 인과관계로만 해결하려는 우를 범하기도 한다. 또한 우리 대한민국의 초저출산 문제는 어떨까? 이 문제의 원인은 수십 가지일 것이다. 그럼에도 그 해결책으로 내놓는 것이 출산 시 주는 보조금이다. 아마 저출산 해결책 중에 가장 저급한 수준의 해결책일 것이다. 지금 우리 주위에는 전문가가 넘쳐 난다. 과잉사회이자 피로사회이다. 전문가라고 자처하는 사람들이 오히려 우리 사회를 잘못된 방향으로 이끌어 가는 건 아닌지 심히 우려된다.

하루 열 줄 이상 글쓰기

## Essence

에센스의 뜻은 무엇인가? 화장품인가? 아니다 그건 광고가 그런 거고 에센스의 뜻은 본질이다. 본질, 정수, 본체 등의 뜻이다. 나는 이 에센스를 샘이라고 해석한다. 맑은 물이 솟아나는 샘 말이다. 그런데 우리 몸에 이 에센스에 해당하는 곳이 있다. 바로 침샘이다. 어금니 뒤쪽에 있는 침샘이다. 우리가 음식을 먹을 때 이 침샘에서 침이 나와 음식과 함께 섞여 충분히 씹은 다음 위로 내려보내면 소화가 잘되는 마법의 침샘인 것이다. 그런데 이렇게 소중한 침샘을 잘 활용하지 않는 사람들이 많다. 단것이나 가공식품을 먹으면 이 샘에서 침이 나오기 전에 꿀떡꿀떡 삼켜 버린다. 자꾸자꾸 이런 식생활이 반복되다 보면 이 샘이 말라 버린다. 그러면 소화도 안 되고 하루 종일 더부룩하다. 우리 몸에 있는 소중한 보물을 그냥 썩혀 버리는 것이다. 또 신 것을 먹으면 이 샘에서 침이 더 많이 나온다. 그런데 젊은 날 이 침샘을 사용하지 않아 샘이 말라 버린 나이 많이 드신 분들은 신 것을 싫어한다. 침샘이 말라 버렸으므로 신 것이 안 땡기는 것이다. 지금부터라도 가공식품은 쓰레기통에 버리고 밥을 40번 이상 숫자를 세어 가며 씹어서 삼키는 식사를 하면 이 샘이 조금씩 살아날 것이다. 샘에서 나온 에센스가 밥과 충분히 섞여 위로 넘어가면 소화가 잘되고 그러면 장이 기뻐하며 활발하게 활동을 하고 장이 활발하게 활동을 하면 몸에 체온이 올라가고 체온이 올라가면 혈액이 왕성하게 돌고 혈액이 왕성하게 돌면 우리 몸속에 있는 각종 염증들이 치유되는 놀라운 결과가 나타날 것이다. 그 첫 단추가 이 침샘을 어떻게 활용하느냐에 달려 있다. 침샘! 우리 몸속에 있는 에센스다.

# ○○만 없으면 행복해

인생을 살면서 나를 불행하게 만드는 요소는 무엇일까? 불행까지는 아니더라도 이것만 없으면, 이것만 안 하면 내 인생은 순탄할 거 같은데 괜스레 이거에 손을 댔다가 아니면 이거에 집착하다가 행복하고는 먼 길로 가는 경우가 너무나 많다. 내가 사랑하는 사람이지만 그녀가 싫어하면 깨끗하게 정리하면 내 삶은 아무렇지도 않게 잘 흘러간다. 그런데 그녀에게 스토커 이상으로 집착하면 그때부터 나는 불행해진다. 마치 그녀가 아니면 내 인생이 송두리째 망가질 것 같은 강박관념에 사로잡혀 하루하루[22]를 보낸다. 그러나 이 순간 그냥 담담하게, 힘들지만 그녀를 놓아 주면 어떤 현상이 벌어질까? 나는 한 단계 성숙한 나로 다시 우뚝 선다. 그 엄청난 짝사랑을 이겨 내고 혼자 스스로 추슬렀기 때문에 이제 어떤 일도 할 수 있는 위대한 사람으로 다시 태어나는 것이다. 세상 모든 일이 다 그렇다. 집착하는 순간 문제가 생긴다. 집착하는 순간 순탄하게 되는 일은 하나도 없다. 나도 지금 이 순간 생

각해 보았다. ㅇㅇ만 없으면 행복해 라고 했을 때 저기 ㅇㅇ에 들어갈 것들은 무엇이 있을까? 일단 주식이 들어간다. 주식만 안 한다면 속 쓰린 일 없이 잘 살아갈 것 같다. 또 있다. 투자다. 집을 사든 땅을 사든 하여튼 투자 때문에 불행한 경우가 많다. 또 있다. 체면이다. 인간관계에 괜스레 있는 체하는 버릇이 우리에겐 있다. 이것 때문에 내 인생이 쪼그라든다. 그래서 우리는 남의 시선 때문에 지옥을 경험한다. 그냥 내 방식대로의 삶이 멋있는 것이다. 아무튼 'ㅇㅇ만 없으면 행복해' 를 생각하며 ㅇㅇ에 해당하는 것들과 거리를 두자. 행복한 인생을 사는 비결이자 바램[23]이다.

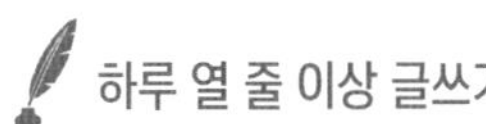

## 목적의 왕국

목적의 왕국은 어디서 나오는 말인가? 칸트 철학에서 나온다. 칸트는 우리 인간이라는 존재는 누구나 목적으로 대우받아야 한다고 주장했

다. 인간을 수단시하지 말아야 한다는 것이다. 예를 들어 뇌사를 죽음으로 인정하여 많은 사람에게 장기를 이식하는 행위는 우리 생명을 수단시하는 것이므로 옳지 않다고 보았다. 모든 사람이 목적으로 대우받는 세상이 목적의 왕국이다. 오늘 아침에 집을 나와 조령 3관문을 가면서 중간에 포레스트 커피숍을 들릴 것인가 말 것인가를 고민하다가 목적의 왕국을 떠올렸다. 오늘의 최종 목표는 3관문이기 때문에 굳이 가는 길에 커피숍을 들릴 필요가 있을까 그냥 빨리 조령산에 도착하여 바람을 쐬는 게 좋지 않을까 생각하다가 문득 이런 생각이 떠올랐다. 아니, 포레스트 커피숍도 목적이고 조령 3관문도 목적이라고 생각하면 어떨까 라고 생각했다. 그리고 지금 포레스트 커피숍에서 아메리카노를 마시며 이 글을 쓴다. 우리가 인생을 살면서 이렇게 하나하나에 목적을 두고 살아간다면 그 삶이 바로 '카르페 디엠(현재를 즐겨라)'이다. 이렇게 내가 하는 모든 일을 그 자체로 목적에 두는 삶은 얼마나 위대한가. 그런데 우리는 매사에 모든 일을 수단시하는 버릇이 있다. 이러다 보니 인생이 비참해지는 것이다. 지금 이 순간 내가 하는 일 그 자체가 목적이면 그것으로 좋은 것이다. 그런데 내가 지금 하고 있는 일이 먼 훗날 나를 행복하게 해 줄 것이라고 생각하며 하루하루를 버틴다면 그 삶은 괴롭다. 이것은 자신의 삶을 수단시하는 것이다. 내가 지금 하는 일이 무엇이든 그 자체에 목적을 두어야 한다. 그 일 자체가 즐겁고 거기서 나의 만족과 자아실현을 도모해야 한다. 열심히 일해 돈을 벌어 해외여행을 가겠다는 순간, 지금 이 순간은 먼 훗날 해외여행을 위해 견뎌야 하는 시간이다. 물론 인생을 살면서 인고의 시간도 필요하다. 그것 없이 성공한 인생은 없다. 그러나 그 인고의 순간 자체를 즐길 때 인고의 시간은 나의 삶에 자양분이 된다. 인생은 길지만 잘게 잘게 쪼개면 각각 한 편의 드라마이다. 그 드라마는 그 자체로 목적이 있다. 그 드라마가 다음 드라마를 위한 들러리일 필요는 없는 것이다. 내 인생 전체를 놓고 보면 각각의 드라마가 하나의 장편으로 흡수되지만 매 순간 펼쳐지는 단막극은 그 자체로 목적을 지닐 때 우리 삶은 위대해진다.

하루 열 줄 이상 글쓰기

## 두 마리 토끼 성장과 분배

당신이 만약 경제부 장관이 된다면 성장과 분배 이 두 마리 토끼 중 한 마리를 잡기 위해 집중해야 한다. 두 마리 토끼를 다 잡으면 금상첨화이겠지만 그건 쉽지 않다. 성장의 토끼는 일단 대한민국이라는 파이의 크기를 키우는 정책이다. 대기업이든 중소기업이든 간에 수출을 많이 하여 우리나라의 국부(國富)를 늘리는 것이 중요하다. 국부 창출의 열쇠는 기업에 달려 있다. 오늘날의 기업은 총성 없는 전쟁터에 나가는 장수와 같다. 총성만 없을 뿐이지 한 번 삐끗하면 나락으로 떨어지는 것이 경제 전쟁터이다. 이런 전쟁터에 매일매일 출정하는 곳이 기업이다. 성장이 목표라면 이런 기업들이 일하기 좋은 환경과 정책을 만들어 주어야 한다. 그래야 외국의 고래 기업에 먹히지 않고 우리나라 기업들이 생존해 나갈 수 있다. 또 한 마리의 토끼는 분배다. 아무리 성장이 잘 된다고 해도 그 성장의 과실이 전 국민에게 골고루 돌아가지 않는다면 그 사회는 갈등의 연속일 것이다. 빈부격차, 상대적 박탈감 등으로 인하여 사회 불안이 심화될 것이다. 그래서 사회적 약자들을 위한 제도나 정책을 잘 시행하는 분배가 사회를 유지시키는 힘이 되는 것이다. 마르크스가 역사 발전 5단계에서 최종 목표로 한 공산사회에서 주장하는 분배가 '능력에 따라 일하고 필요에 따라 분배' 받는 사회이다. 우리는 이것을 결과적 평등을 이야기하는 것이라 배척되어 왔지만 우리가 분배라는 토끼를 잡기 위해서는 이 문구를 잘 응용해야 한다. 사람들에게 자신의 능력에 따라 최대한 일을 할 기회를 주고, 재화가 필요한 영역에서는 최대한 필요에 따라 분배해 주는 정책이 요구된다고 할 수 있다. 『정의론』의 저자 롤스도 좋은 세상이란 결국 능력자는 최대한 그 능력을 발휘하도록 하는 동시에 가난한 자들은 최대한 보살핌을 받는 것이 좋은 사회라고 하였다. 경제정책의 두 마리 토끼 성장과 분배는 평행선을 달리는 기차선로이지만 어느 것 하나 소홀히 할 수 없다.

# Good의 반대는?

Good의 반대는 당연히 bad이다. '좋은'의 반대는 당연히 '나쁜'이다. 그런데 이 '나쁜'은 고치면 된다. 우리가 가진 의지로 '나쁜'을 고치면 '좋은'이 된다. 개과천선이다. 그런데 이 good의 반대를 evil로 해석한 사람들이 있었다. 바로 기독교 권위자들이다. 사람들에게 good의 반대를 evil로 세뇌시켰다. 너희들은 이른바 죄를 지었으니 우리들의 가르침을 받아 구원을 받아야 한다는 식이다. 교회의 권위를 앞세운 자들이 일반 대중들을 옭아매기 위한 수단으로 그렇게 세뇌시킨 것이다. 이렇게 되면 인간들은 이 죄로부터 벗어나기 위해 구원에 목매게 된다. 기독교에서는 이것을 철저히 이용했다. 이것을 간파한 사람이 니체다. 그래서 그는 신은 죽었다 라고 외쳤다. 더 이상 우리들은 죄를 지은 것이 아니니 기독교의 잔존인 신에게 구원을 애걸할 필요가 없다는 것이다. Good의 반대는 bad일 뿐이고, 이는 우리 인간들의 노력으로 얼마든지 good으로 바꿀 수 있다고 니체는 주장한다. 이렇게 할 때 우리는 우리 삶을 조각해 나갈 수 있는 것이다. 이것이 현대 실존주의로 연결된다.

# 믹스 커피의 요술

믹스 커피를 아십니까? 맥심회사를 일약 스타덤에 올려놓은 상품입니다. 원래 커피는 타서 먹는 식품이었습니다. 커피 한 스푼 넣고, 프림 두 스푼 넣고, 설탕 한 스푼 넣고 이렇게 해서 타 먹었었습니다. 다방에서 커피를 주면 손님들이 탁자에 있는 프림과 설탕을 알아서 타서 먹던 시절이 있었습니다. 그런데 어느 날 1회용 믹스 커피가 나왔습니다. 전국의 모든 사무실에는 커피 프림 설탕 통이 사라지고 1회용 커피가 그 자리를 대신했습니다. 저도 젊은 시절에는 이 믹스 커피를 애용했습니다. 심지어 아침을 굶고 출근을 하면 이 믹스 커피를 타 마시며 허기를 채우기도 했습니다. 지금 생각해 보면 그 당시 하루에 일곱에서 여덟 잔 정도는 마셨던 것 같습니다. 이 믹스 커피를 애용한 또 다른 이유는 환상궁합인 담배와도 관련이 있습니다. 달달한 믹스 커피를 마시면서 피우는 담배는 완전 중독 그 자체입니다. 커피의 달콤함이 입안에 남아 있을 때 쓰디쓴 담배를 피우면 완전 황홀경에 빠집니다. 믹스 커피도 중독, 담배도 중독이었습니다. 담배는 30대 중반에 끊었지만 믹스 커피는 그 이후로도 계속 애용했습니다. 그렇게 10년이 지난 어느 날 우리가 먹는 음식이 건강과 직접 관련이 있다는 책을 읽고 믹스 커피를 끊었습니다. 믹스 커피가 땡기는 시간이 언제이던가요? 바로 오후 3시 넘어서입니다. 사람들은 이 시간을 당이 땡기는 시간이라면서 믹스 커피를 타 마십니다. 그러면 혈당이 상승하면서 피로감이 잠시 가시거든요. 그러나 이것은 완전 사기입니다. 우리 몸을 착각하게 만드는 아주 잘못된 습관입니다. 혈당은 급상승 급하락 하면 안 되는 것입니다. 꾸준함을 유지해야 하는 것이 혈당입니다. 혈당이 롤러코스터를 타면 당뇨로 가는 지름길이거든요. 이렇게 갑자기 혈당을 상승시키는 믹스 커피는 우리 몸에 부리는 요술임을 꼭 명심해야 합니다.

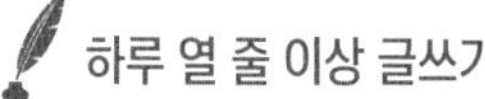

하루 열 줄 이상 글쓰기

## 오이디푸스 왕

어느 날 한 아이가 태어난다. 그런데 그 아이는 아버지를 죽일 것이라는 신의 계시를 받고 태어난 것이다. 이를 안 왕은 자신의 아들인 그 아이를 갖다 버리라고 하였다. 왜냐하면 자신을 죽일 테니까 미리 싹부터 잘라 버리려 한 것이다. 아이를 갖다 버리라는 명을 받은 하녀는 그 아이가 너무 불쌍해 광주리에 담아 강물에 띄워 보냈다. 혹시나 누군가 주워다 키울 수도 있을 테니까. 광주리에 담긴 아기는 어느 시골 마을 앞 강가에 걸쳐 있게 되었고 아기의 울음소리를 듣고 찾아온 시골 아낙네에 의해 거두어지게 된다. 세월이 흐른 후 청년이 된 오이디푸스는 마차를 타고 가다가 사거리에서 다른 마차와 접촉하는 사고가 일어나게 된다. 자그마한 사고가 큰 싸움으로 번지면서 오이디푸스는 상대방 마차의 주인을 죽이게 된다. 그런데 이를 어쩌랴 상대방 마차의 주인은 한 왕국의 왕이었다. 왕을 죽인 오이디푸스는 분명 자신도 죽임을 당할 것이므로 그 왕국으로 쳐들어가 왕국을 자기 것으로 만들어 버렸다. 왕국도 차지하고 그 나라 왕비도 차지한 오이디푸스. 처음엔 몰랐지만 세월이 흐른 후 자기가 차지한 나라가 아버지의 나라라는 사실을 알게 된다. 자기가 죽인 사람이 아버지이고 지금 부인으로 삼고 있는 사람이 자기 어머니인 걸 안 오이디푸스. 이 사실을 안 어머니는 자살한다. 아버지의 죽음과 어머니의 죽음 앞에 놓인 오이디푸스. 이런 개돼지만도 못한 놈이라고 자책하며 어머니의 브러시로 자신의 눈을 후벼 파 피눈물을 철철 흘리며 오이디푸스는 울부짖는다.

"나에게 있어 최선은 이 세상에 태어나지 않는 것이었다. 차선은 하루빨리 죽는 것이다."

# 잡채와 속리산

이건 또 무슨 소리지? 속리산에 놀러 가서 잡채를 먹는다는 이야기인가? 아니올시다 이다. 오늘 주제는 이황과 이이다. 이황과 이이는 이기론을 가지고 대립한다. 이황은 이기호발설이다. 이도 발하고 기도 발한다는 것이다. 그러나 이이는 이는 원리이기 때문에 발할 수 없고 기만 발한다는 기발이승의 입장이다. 이 기발이승이 나온 배경은 이렇다. 이황과 이이의 대립 이전에 이황의 이기론에 딴지를 건 사람이 기대승이다. 이황이 처음에 "사단은 이가 발한 것이고, 칠정은 기가 발한 것이다." 라고 주장하자 기대승이 그렇다면 이황 선생님! 선생님의 말씀대로라면 이와 기는 항상 같이 간다는 주희의 이기불상리(離)를 어기는 논리가 아니옵니까 라고 편지를 보내자 이 문제를 가지고 지속적인 토론 끝에 이황은 다음과 같이 자신의 이론을 수정했다. "사단은 이가 발하면 기가 이를 따르는 것이고, 칠정은 기가 발하면 이가 그 위에 올라타는 것이다." 이렇게 되면 이와 기가 항상 같이 간다는 이기불상리를 어기지 않게 된 것이다. 그런데 훗날 이이가 이 이론에 다시 이의를 제기하게 된다. 이는 발할 수 있는 게 아니므로 오로지 기만 발할 수 있다는 기발이승만이 맞다고 주장하게 된다. 그래서 이황은 이기호발설이 된 것이고 이이는 기발이승일도설이 된 것이다. 그런데 이황이 그토록 이도 발하고 기도 발한다고 주장한 이유는 이의 순선함을 지켜내기 위함이다. 그래서 이황은 잡채를 싫어했다. 즉, 이기불상잡(雜), 이와 기는 서로 섞일 수 없다는 입장을 고수했다. 반면, 이이는 이와 기는 항상 같이 다닌다는 것을 강조하였다. 속세와 이별한다는 속리산의 이별을 이이는 고수했다. 그래서 이이는 이기불상리(離), 즉 이와 기는 떨어질 수 없다는 입장인 것이다.

결론은 한 줄이다. 이황은 이와 기가 섞어면 안 된다는 입장이고, 이이는 이와 기는 떨어지면 안 된다는 입장이다.

하루 열 줄 이상 글쓰기

## 사랑은 존비친소를 타고

「사랑은 노래를 타고」는 들어봤어도 존비친소를 탄다는 말은 처음 들어본다. 존비친소가 무슨 말인가? 존비는 존귀하고 비천하고, 친소는 가깝고 멀고 라는 뜻이다. 사랑은 팔이 안으로 굽는 것처럼 가까운 데부터 먼 곳으로 퍼져 나가는 것이라는 뜻이다. 공자, 맹자가 말한 사랑이 이런 사랑이다. 잔잔한 호수에 돌멩이를 던지면 가운데서부터 동심원을 그리며 펴져 나간다. 사랑도 이와 마찬가지이다. 나부터 시작해서 내 가족, 이웃, 사회, 국가로 사랑의 동심원이 커져 가는 것이다. 그러나 이에 대하여 반대한 사람이 있다. 묵자다. 묵자는 차별 없는 사랑을 주장했다. 겸애다. 공맹의 사랑이 별애라면 묵자는 겸애다. 자신자가 자국을 사랑하듯이 타인 타가 타국도 사랑하라는 것이 묵자의 주장이다. 그러면 묵자는 왜 이런 무차별의 사랑을 주장했을까? 당시는 춘추전국시대였다. 나라와 나라 간에 하루가 멀다 하고 전쟁을 벌였다. 서로 뺏고 뺏기는 약육강식의 전쟁터였다. 그래서 묵자는 겸애를 주장한 것이다. 내 나라를 사랑하듯이 다른 나라도 똑같이 사랑한다면 그 나라를 빼앗기 위한 전쟁을 하지 않을 것이기 때문이다. 묵자의 철학은 위대하다. 그래서 당시 유교와 묵자는 대립했다. 이를 전국시대 유묵 논쟁이라고 한다. 전국시대 유교 사상가는 맹자다. 맹자는 공자의 정통을 잇는다는 자부심이 강한 유학자였다. 그래서 그는 개탄했다. "세상이 온통 양주와 묵적의 사상뿐이다."

# 실천에 있어서 의지가 중요한가?

완전 우문이다. 당연한 말 아닌가? 행동을 실천하는데 의지가 중요한 것은 물으나 마나이다. 우리는 계획은 잘 하지만 의지가 부족하여 항상 작심삼일로 끝난다. 작심삼일이면 그나마 다행이다. 하루도 못 버티는 경우도 많다. 돌아서면 까먹어 버리는 경우도 있다. 아뿔싸! 근데 소크라테스는 의지가 필요 없다고 하였다. 우리가 제대로 안다면 당연히 실천이 따라온다는 것이다. 선(善)이 무엇인지 안다면 당연히 행동으로 옮긴다는 것이다. 그냥 대충 아니까 실천이 안 따라오는 것이지 정말 제대로 안다면 무조건 행동이 따라온다는 것이다. 담배가 얼마나 몸에 해로운지를 안다면 당연히 끊는다는 주장이다. 지행합일이다. 그런데 이것에 대하여 반대한 사람이 있다. 아리스토텔레스이다. 아리스토텔레스는 아는 것만으로는 안 되고 의지가 있어야 한다고 주장한다. 예를 들어 아리스토텔레스가 중요시한 덕목이 중용인데 이런 것들은 그것이 좋다는 것을 아는 것만으로는 안 되고 강력한 의지를 가지고 반복적으로 실천할 때만이 그 중용이 몸에 밴다는 것이다. 그것이 습관화이고 탁월함(아레떼)이다. 그래서 아리스토텔레스는 말했다.

"한 마리의 제비가 왔다고 봄이 오는 것이 아니며, 한 번의 실천으로 행복해지는 것이 아니다."

하루 열 줄 이상 글쓰기

## 보편논쟁

서양 중세는 어림잡아 500년에서 1500년 약 1000년간이다. 중세는 완전 신 중심의 세상이다. 고대 인간 중심의 그리스 로마 문명이 몰락하고 서양은 완전 신의 영역으로 침잠해 들어갔다. 모든 것은 로마 교황청의 지시에 따라야 했다. 교황은 곧 신이었다. 이러한 중세의 클라이맥스가 카노사의 굴욕이다. 하인리히 황제가 교황의 윤허를 받기 위해 카노사 성을 방문했지만 교황은 3일 동안 문을 열어 주지 않았다. 성문 앞에 꿇어앉아 교황 뵙기를 청하는 하인리히 황제. 하늘을 뚫을 교황의 기세. 이러한 유럽의 신 중심의 세상이 끓어 넘친 게 십자군 원정이다. 종교에 대한 열정이 끓어 넘쳐 예루살렘 성지를 회복하자는 운동으로 펼쳐진 것이다. 그러나 총 일곱 번의 십자군 원정은 초기의 열정과 신성함은 사라지고 서서히 타락의 길로 들어선다. 이는 교황의 권위와도 관련이 있다. 십자군 원정이 막을 내리면서 로마 교황청도 서서히 저물어 간다. 이때 일어난 논쟁이 보편논쟁이다. 예를 들면 이런 것이다. 우리는 모두 인간이라는 개별자이다. 이때 이 각각의 개별자 위에 인간이라는 보편자는 과연 있는가 하는 것이 보편논쟁이다. 인간이라는 보편자가 있다는 사람들이 실재론자이다. 이는 마치 각 지역마다 교회가 있고 그 위에 로마 교황청이 있다는 논리와 같은 것이다. 그래서 실재론자들은 교황 옹호파이다. 그러나 그런 보편자는 없고 그것은 이름뿐이라는 주장이 유명론자들의 입장이다. 이 유명론자들을 로마 교황청이 좋아할 리 없다. 그래서 그들을 탄압하여 종교재판에 회부하기도 하였다. 그러나 역사는 거스를 수 없는 법. 이제 서서히 교황의 권위가 무너지면서 인간 중심의 근대사상의 싹이 움을 트는 것이다. 그 용트림의 시작이 바로 중세 말기에 벌어진 보편논쟁이다.

## 동양의 프로메테우스

프로메테우스는 누구인가? 그렇다. 인간에게 불을 가져다준 은인의 신이다. 그러나 신의 세계에서는 벌을 받았다. 신 중의 신인 제우스의 노여움을 사 간이 배 밖으로 나오도록 묶어 놓아 매일매일 까마귀가 간을 쪼아 먹도록 하는 형벌을 받았다. 간은 재생이 잘 되므로 쪼아 먹힌간은 다시 재생되고 그러면 까마귀가 다시 쪼아 먹는 고통스러운 형벌을 받은 프로메테우스이다. 이러한 프로메테우스와 비슷한 처지의 동양 유교 철학자가 있다. 바로 순자다. 순자는 기존의 유학자들과는 다른 주장을 펼쳤다. 그 주장이 두 가지인데 하나는 기존 유학자들이 인간은 선하게 태어난다는 성선설을 주장한 데 반하여, 순자는 인간은 악하게 태어난다는 성악설을 주장을 하여 당시 유학자들로부터 손가락질을 받았다. 재는 뭐지? 뭔데 인간을 악하게 태어난다고 말하는 거지? 하며 손가락질을 받았다. 그리고 하나 더 있다. 당시의 유학자들은 하늘에 대한 경외감을 가지고 있었다. 인간이 선한 것도 하늘을 닮아 선하다고 보았다. "하늘이 무섭지도 않으냐?" "천벌을 받을 놈" 이런 말 속의 하늘은 모두 도덕적인 의미의 하늘이다. 그러나 순자는 생각이 달랐다. 하늘은 그저 하늘일 뿐 인간사와는 아무런 관련이 없다는 주장이다. 천인분이(天人分二). 하늘과 인간은 둘로 나뉜다는 것이다. 순자는 이렇게 당시의 유학자들과는 다른 주장을 하여 프로메테우스처럼 손가락질을 받았지만, 우리에게 인간의 본성이 꼭 선한 것일까? 하늘을 꼭 도덕적인 의미의 하늘로 생각해야 할까? 라는 의문을 가지게 함으로써 우리의 의식의 지평을 넓혀 준 사상가이다.

# 대학의 8조목

『대학』은 사서삼경 중의 하나이다. 『논어』, 『맹자』, 『중용』, 『대학』이 사서이고, 『시경』, 『서경』, 『주역』이 삼경이다. 옛날 선비들이 공부하던 교과서이다. 사서 중 하나인 『대학』에 8조목이 나온다. 수신, 제가, 치국, 평천하, 격물, 치지, 성의, 정심 이렇게 8개이다. 이 중에서 해석이 애매하게 되어 있는 것이 격물이다. 이 격물을 놓고 후세의 학자들이 논쟁을 펼친다. 성리학자와 양명학자다. 성리학자들은 이 격물의 의미를 사물을 이해하는 것으로 해석했다. 즉 사물의 이치에 대하여 아는 것을 중요시 여겼다. 여기서 사물이라 함은 물건도 되지만 효와 같은 덕목도 해당된다. 그렇다면 성리학자들은 효의 이치에 대하여 먼저 알 것을 중요시했다. 이른바 선지후행이다. 먼저 안 다음에 행동으로 옮긴다는 의미이다. 이에 반대한 사람들이 양명학자들이다. 굽은 소나무가 선산을 지키는 것처럼 지식의 축적이 별 의미가 없다는 것이다. 그래서 이들은 격물을 사물에 다가가는 마음으로 해석했다. 효의 이치를 아는 것보다 부모님에 대한 마음가짐이 훨씬 더 중요하다는 것이다. 배운 큰아들보다 초등학교밖에 안 나온 작은아들이 부모님을 모시고 살면서 효도를 하는 이치와 같은 것이다. 지극정성으로 큰아들을 키워 의사를 만들어 놓았더니 부모님을 소 닭 보듯 하는 큰아들, 그냥 낳아 놓았더니 스스로 큰 작은아들, 이 작은아들이 오늘도 부모님께 아침 문안 인사를 드린다.

"아버지 잘 주무셨슈?"

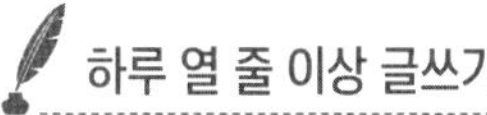


## 효도는 현재진행형이어야 합니다

부모님에 대한 효도는 매일매일 반복되어야 합니다. 효도는 큰맘 먹고 하는 게 아닙니다. 대부분 효도에 대하여 잘못 생각하고 있는 게 바로 나중에 돈을 많이 벌면 효도할 거야 라는 것입니다. 그런데 나중에 돈 많이 벌면 부모님은 늙고 병들어 이 세상에 안 계십니다. 그래서 시냇가의 청개구리가 장마가 지면 부모님이 물에 떠내려 갈까 봐 그렇게 서럽게 울었던 것이지요. 평소에 말을 직사게도 안 듣던 청개구리가 부모님이 돌아가시고 난 다음에 자신의 잘못을 뉘우치고 비만 오면 시냇가에 나가 개굴개굴하면서 목 놓아 우는 것입니다. 우리도 마찬가지입니다. 우리는 항상 부모님이 우리를 보살펴 주는 데에만 익숙해져 있습니다. 그래서 그 고마운 부모님의 손길에 보답하고자 하면 부모님은 이 세상에 안 계십니다. 그래서 효도는 현재진행형이어야 하는 것입니다. 지금 이 순간 효도하지 않으면 나중은 없습니다. 효도는 마음입니다. 효경에 효의 끝은 입신양명이라고 하지만, 그렇게 거대한 일을 하는 것이 효도의 전부는 아닙니다. 오늘 아침 부모님이 챙겨 주는 밥 한 공기에 감사한 마음을 가지면 그것이 효도의 시작입니다.

하루 열 줄 이상 글쓰기

## 허리는 왜 아플까요?

허리는 왜 아플까요? 척추뼈 사진을 본 적이 있을 것입니다. 마치 아이들이 가지고 노는 블록을 쌓아 놓은 모습입니다. 그런데 블록과 블록 사이에는 빈 공간처럼 보입니다. 엑스레이에는 잘 안 나타나지만 그 빈 공간에 연골이 들어 있는 것입니다. 허리가 끊어질 듯 아파서 병원에서 엑스레이를 찍어 보면 연골이 터져 나온 경우를 볼 수 있습니다. 바로 우리가 말하는 디스크 라는 것입니다. 그러면 의사들은 바로 수술할 것을 권합니다. 터져 나온 연골을 제거해야 통증이 사라진다는 것입니다. 그런데 가만히 생각해 보면 통증이 왜 생기는지 알아야 합니다. 우리 몸에 통증의 원인은 그곳에 어떤 원인이 있어 유기체인 몸이 그곳을 치유하려고 혈액을 왕창 보내기 때문에 통증이 있는 것입니다. 다시 사진으로 돌아가서 연골이 왜 터져 나왔을까요? 그 이유는 그 연골을 지탱하는 근육들이 제대로 작동을 안 해서입니다. 따라서 그 근육들이 제대로 작동하도록 온몸의 혈액 순환을 제대로 해 주면 문제는 해결됩니다. 우리 몸의 혈액을 팡팡 돌게 하는 건 우리가 먹는 식사와 관련이 있습니다. 올바른 식사로 장운동을 제대로 시켜 주면 우리 몸의 보일러가 작동하면서 혈액이 팡팡 도는 것입니다. 혈액만 팡팡 돌면 우리 몸의 모든 통증은 눈 녹듯 사라집니다. 허리가 아플 때는 입맛도 없습니다. 그러면 대충 과일이나 빵으로 식사를 대신합니다. 그러면 허리는 점점 더 아파집니다. 이럴 때일수록 내 몸을 살리기 위해 현미밥을 40번 이상 씹어서 먹고 야채 반찬을 곁들이면 소화가 잘되면서 장운동이 활발해집니다. 그러면 서서히 요통도 사라질 것입니다.

하루 열 줄 이상 글쓰기

## 삼강과 오륜

군위신강(君爲臣綱), 부위자강(父爲子綱), 부위부강(夫爲婦綱). 삼강이다. 마지막 강(綱)자는 벼리 강이다. 즉, 도리란 뜻이다. 이 삼강은 뒷사람이 앞사람에게 해야 할 도리를 말한다. 신하가 임금에게 해야 할 도리, 아들이 아버지에게 해야 할 도리, 아내가 남편에게 해야 할 도리. 그래서 삼강은 수직적이다. 삼강은 상하관계가 있다. 그러나 오륜은 다르다. 오륜도 두 사람 간의 관계 설정을 나타내는 말이지만 오륜은 양쪽이 모두 해야 할 책무가 있다. 부자유친(父子有親), 군신유의(君臣有義), 부부유별(夫婦有別), 장유유서(長幼有序), 붕우유신(朋友有信)이 오륜이다. 부자유친, 아버지와 아들 간에는 공경과 사랑이 있어야 한다. 아들은 공경하고 아비는 사랑을 베풀어야 하는 공동의 책무가 있는 것이다. 다른 것도 다 마찬가지이다. 군신유의, 임금과 신하 간에는 정의와 합리가 있어야 한다. 부부유별, 부부간에는 서로 책임 이행과 상호 존중이 있어야 한다. 장유유서, 어른과 아이 간에는 양보와 질서가 있어야 한다. 마지막으로 붕우유신, 친구 간에는 서로 간에 믿음이 있어야 한다. 이렇게 삼강은 수직적 인간관계를 나타내지만, 오륜은 서로 간에 호혜적인 인간관계를 나타내는 따뜻함이 녹아 있다.

# 코스모폴리탄을 바라보는 두 시각

코스모폴리탄이란 무엇인가? 인구 천만 이상의 도시에 사는 세계화된 시민이 코스모폴리탄이다. 이 사람들은 지구촌의 공감 의식에 더 가까이에 있다. 그러나 다른 한편으로는 빠른 세상 변화에 현기증을 느끼는 사람들이다. 마치 알렉산더 대왕이 그리스 세계를 무너뜨리고 세운 헬레니즘 시대 사람들과 비슷하다고 할 수 있다. 갑자기 온실 속에서 한데로 내몰린 화초처럼 모든 것이 낯설고 현기증 난다. 그래서 헬레니즘 시대 사람들이 사는 방법이 두 가지였다. 아파테이아와 아타락시아이다. 아파테이아는 부동심이다. 빠르게 변화하는 이 세상은 어쩔 수 없는 현실이므로 이를 악물고 욕구를 단멸하는 부동심으로 살아가는 것이다. 요즘에도 이런 사람들이 있다. 명상, 기도, 참선, 독서 등을 하면서 자신을 다잡는 사람들이다. 또 하나의 방향은 아타락시아이다. 아파테이아가 스토아 철학자들의 삶이라면 아타락시아는 에피쿠로스 학파가 추구한 마음이 평온한 상태를 말한다. 이 마음이 평온한 상태는 욕구 충족과 관련이 있다. 욕구가 충족되면 아타락시아가 되는 것이다. 그래서 에피쿠로스는 욕구를 어떻게 조절하느냐가 아타락시아로 가는 지름길이라고 하였다. 욕구를 무한정 늘리면 만족은 없다.

그러므로 아주 자연적이고 필연적인 욕구만을 추구하라는 주문이다. 요즘의 코스모폴리탄들 중에도 이렇게 사는 사람들이 많다. 여행을 간다든지, 산악회를 다니면서, 또는 동호회 활동을 하면서 소소한 만족을 느끼면서 사는 부류의 사람들이다. 코스모폴리탄이 사는 두 방향의 삶이다. 전자의 삶이든 후자의 삶이든 나름대로의 철학이 있는 삶이다.

하루 열 줄 이상 글쓰기

## 한양의 4대문

홍인지문, 돈의문, 숭례문, 숙지문 동서남북으로 세워진 한양의 4대문 이름 속에 들어 있는 단어는 무엇일까? 바로 인의예지(仁義禮智)이다. 인의예지는 유교에서 말하는 4단인데 여기에 신을 더하여 오상이라고 한다. 유교에서 중시하는 것 두 개가 오상과 오륜이다. 4대문 속에 담겨 있는 인의예지에 신(信)을 더해야 오상이 되는데 그러면 신은 어디에 있는가? 보신각이다. 4대문의 정중앙에 위치한 것이 보신각이다. 사실 이 4대문과 보신각은 음양오행설과 관련이 있다. 일월이 음양이고 수금화목토가 오행이다. 성리학에서는 세상의 모든 이치가 음양오행에 따라 움직인다고 믿었다. 우리가 상생과 상극을 따지는 궁합이 음양오행에 따른 것이다. 토(土)는 금(金)을 도와주는 상생의 관계이다. 화(火)는 수(水) 앞에서는 꺼지기 때문에 상극이다. 이러한 음양오행의 원리에 유교의 오상을 적용하여 4대문과 보신각을 만든 것이다. 지구상에서 가장 유교적인 국가 조선의 통치철학이 그대로 배어나는 대목이다.

하루 열 줄 이상 글쓰기

## 정치란 무엇인가?

사마천의 『사기』에 나오는 정치 순위를 알아본다. 가장 꼴찌인 정치가는 국민하고 싸우는 정치를 하는 것이다. 국민들이 자신을 풍자하는 쥐 그림을 그리든, 열차 그림을 그리든 넓은 아량을 가지고 국민을 품을 줄 아는 정치를 해야 한다. 그런데 꼴찌의 정치가는 사사건건 국민과 싸운다. 권력이든 명예든 부든 모든 걸 가진 자가 그렇지 못한 힘없는 국민과 싸우는 정치가 가장 하류의 정치다. 그다음 4위가 국민을 형벌로써 겁주는 정치다. 사사건건 법을 들이밀며 국민을 위협하는 정치도 밑바닥 정치이기는 마찬가지이다. 다음으로 3위가 도덕으로 국민을 설교하는 정치이다. 마치 자신이 모든 것의 표준인 양 국민들에게 일

장연설을 늘어놓는 정치 행위이다. 요즘은 국민이 더 똑똑하다. 다음 2위가 이익으로 국민을 유도하는 정치다. '바보야! 문제는 경제야'라는 미국 대통령 클린턴의 말처럼 민생안정의 문제를 해결하는 정치가 최선은 아니지만 차선의 정치다. 마지막으로 최선의 정치는 국민의 마음에 따라 하는 정치다. 국민이 무엇을 원하는지 그 대상과 시기를 잘 파악하여 국민의 마음을 읽는 정치가 최고의 정치이다.

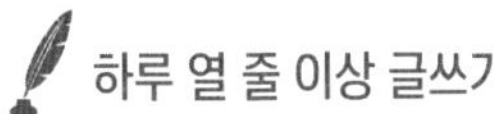


## 원조보다 강한 나라 대한민국

원조보다 강한 나라 대한민국! 동의하시나요? 우리 대한민국에 어떤 문화가 들어오면 그 문화를 우리는 우리 것 화(化)하는 능력이 뛰어납니다. 한국 사상을 관통하는 맥 조화 사상 때문일까요? 원효의 화쟁사상, 의천의 교선 일치, 지눌의 선교통합, 이이의 이통기국, 동학의 인내천 모두 조화 사상입니다. 그런데 이 조화를 넘어 우리는 왜 어떤 문화나 종교나 사상이 들어오면 그것을 우리 것 화하여 그 문화나 종교나 사상의 원조 국가보다 더 세게 펼칠까요? 대한민국이 기독교 국가는 아니지만 세계에서 가장 큰 교회 1위부터 7위까지 대한민국에 있습니다. 대한민국은 기독교 해외 선교 2위 국가입니다. 고려라는 나라를 생각해 볼까요? 팔만대장경! 유네스코 문화유산으로 등재되어 있습니다. 이 어마어마한 문화유산을 어떻게 만들 생각을 했을까요? 고려는 불교 국가입니다만 불심의 힘을 빌려 외침을 물리치겠다는 이 어마어마한 작업을 과연 대한민국이 아니고 그 어떤 나라에서 할 수 있었을까요? 조선왕조 5백 년은 지구상에서 가장 유교다운 국가입니다. 상복을 며칠 입을 것인가를 가지고 끊임없는 논쟁을 벌이는 왕실은 조선왕조 말고는 지구상에 없겠죠? 사상과 문화를 우리 것 화하는 것은 좋은데 이것이 과하게 되면 그 사상과 문화의 본질과는 먼 지엽적인 문제에 집착하는 현상이 나타납니다. 그걸 우리 대한민국이 현재도 하고 있습니다. 작금의 대한민국 자본주의는 어떤가요? 자본주의는 완전 선과 악의 두 얼굴을 가진 이데올로기입니다. 자본주의는 세상을 발전시키는 원동력이기도 하지만 가장 약육강식의 논리가 작동하는 체제입니다. 이 자본주의가 가장 말단적인 성격을 띨 때 천민자본주의 성격이 나타납니다. 불공정, 과열 경쟁, 부정의 등이 판치는 자본주의가 천민자본주의입니다. 대한민국의 자본주의가 지구상에서 가장 천민자본주의 성격을 띠고 있는 건 아닌지 심히 우려됩니다.

# 세 개의 태양

여기 세 개의 태양이 있다. 떠오르는 태양, 정오의 태양, 지는 태양. 우리는 이 세 개의 태양을 각각 다르게 인지한다. 떠오르는 태양에서는 희망을, 정오의 태양에서는 찬란함을, 그리고 지는 태양에서는 황혼을 느낀다. 그러나 가만히 생각해 보면 이 세 개의 태양은 똑같은 태양이다. 우리가 서로 다르게 생각할 뿐이다. 저 세 개의 태양은 원을 그린다. 물론 태양이 그리는 원도 우리 인간의 입장에서 본 원이다. 아무튼 원은 선과 후가 없다. 모두가 중심이다. 아침의 태양도, 정오의 태양도, 지는 태양도 모두 중심이라고 할 수 있다. 이를 우리의 삶에 비유하면 우리 삶의 모든 부분이 중요하다는 것이다. 삶의 모든 부분이 중요하다는 것은 자신의 성공이나 몰락도 모두 중요하다는 것이다. 현재의 내가 떠오르는 태양이든, 정오의 태양이든, 지는 태양이든 모두 자신의 삶인 것이다. 이것이 니체가 말한 영원회귀 사상이다. 이렇게 자신에게 일어나는 모든 것들을 긍정하는 마인드가 아모르파티이다.

# 모든 해결책은 1차원에 있다

스마트폰 비밀 패턴을 푸는 방법은 간단하다. 스마트폰을 비스듬히 햇빛에 비춰 보면 손가락이 자주 다닌 길이 보인다. 1초 만에 간단히 열쇠를 푸는 방법이다. 모든 해결책은 가까이에 있다. 공부도 마찬가지이다. 시험에 자꾸 떨어지는 이유는 자기 책상 위에 놓인 정답을 방치하고 자꾸 새로운 문제집을 사는 것이다. 여기저기 정답을 찾아 인터넷 쇼핑을 하느라 시간 다 허비한다. 공부 못하는 아이들은 자꾸 새로운 과외 선생님을 찾아다닌다. 새로운 학원, 새로운 인강을 찾아 이리저리 헤맨다. 그러나 문제의 본질은 자신에게 있는 것이다. 자신이 얼마나 부딪혀 가며 공부하느냐에 따라 성패가 결정된다. 비포장도로와 아스팔트 중 어느 길이 더 편한가? 당연히 아스팔트이다. 그러나 시험은 비포장도로를 넘어 자갈밭 수준이다. 따라서 공부의 핵심은 평소에 자갈밭이나 비포장도로에서 해야 한다. 그래야 시험에서 당황하지 않고 문제를 풀 수 있는 것이다. 알량한 지식 쌓기로 등용문을 통과하려는 것은 밥풀 하나로 새를 잡으려는 우매한 짓에 불과하다.

# 인간의 욕구 (1)

인간의 욕구를 어떻게 볼 것인가의 문제는 끊임없는 갈등의 역사이다. 욕구를 끊어 버려야 한다는 아주 극단적인 생각도 있다. 불교 철학이 그렇고 이 불교를 받아들인 쇼펜하우어 철학이 그렇다. 욕구 단멸이다. 그렇지 않으면 우리는 고통 속에서 헤맨다. 무소유를 강조한 법정스님처럼 불교는 철저한 금욕을 강조한다. 난초 하나를 키우는 것도 머릿속엔 온통 거미줄이 쳐진다. 쇼펜하우어도 우리는 욕구 때문에 이 욕구를 채우고자 하는 맹목적인 의지로 충족과 권태 사이를 오가는 시계추와 같은 인생을 산다고 하였다. 스토아 철학자들도 금욕이다. 인간은 이 우주의 원리에 의해 미리 결정되어진 운명을 사는 존재이므로 조용히 자신에게 있는 로고스, 즉 이성의 통제를 받으며 살라고 한다. 절제된 삶을 살라는 이야기다. 유학에서도 존천리 거인욕(천리를 보존하고 인욕을 제거하라)이라고 하여 인간의 욕구를 제거해야 할 대상으로 보았다. 의로움을 주된 것으로 하고 이로움을 부차적인 것으로 하라는 의주이종, 이익이 눈앞에 보이면 의로움을 먼저 생각하라는 견리사의 모두 유학의 선비 정신이다.

# 인간의 욕구 (2)

욕구를 마냥 멀리하기엔 우리는 인간이다. 이 욕구를 어떻게 충족시키느냐가 중요하다. 무조건 금욕이 중요한 게 아니란 이야기다. 여기서 에피쿠로스가 등장한다. 에피쿠로스가 말한 행복은 충족/욕구다. 이 행복지수의 최대치는 1이고 최소치는 0이다. 가령 분모인 욕구가 1이라면 그걸 간단하게 채우면 행복은 1이 된다. 그런데 욕구가 10이나 되는데 충족이 1이면 행복은 0.1밖에 안된다. 이게 에피쿠로스의 가르침이다. 분모인 욕구를 어떻게 다스리느냐에 따라 행복이 결정된다는 것이다. 그래서 에피쿠로스는 나에게 빵과 물만을 준다고 해도 나는 행복하다고 하였다. 에피쿠로스는 우리의 욕구를 세 가지로 분류했다. 첫째는 자연적이면서 필수적인 것, 둘째는 자연적이지만 필수적이진 않은 것, 셋째는 자연적이지도 않고 필수적이지도 않은 것. 이 셋 중에 첫째 것만 채우려고 하면 우리는 행복해진다. 첫 번째 것은 식욕, 수면욕이다. 잘 먹고 잘 자는 것이 행복이다. 두 번째부터가 문제다. 두 번째 것은 성욕, 세 번째 것은 권력과 명예 등이다. 이 세 가지 중에서 첫 번째 것만을 채우려고 할 때 우리는 행복해진다. 그러고 보니 두 번째 것과 세 번째 것은 채워지면 행복하지만 불행의 씨앗을 품고 있는 독이 든 성배다.

# 니체의 영원회귀 사상

우리네 삶은 무기력하다. 대부분의 사람들이 그렇다. 물론 매일매일 의욕적으로 사는 사람들도 있지만 5% 미만이다. 나머지 95%는 삶의 동력을 잃고 그냥 흘러가는 대로 산다. 흘러가는 대로 살면서 이런 저런 속담이나 명언들을 가져와 자기 위안을 삼는다. 그러나 신은 우리에게 이 엄청난 우주를 경험하도록 70년의 시간을 허락하셨다. 인생 전체에서 앞뒤를 빼고 또리방또리방한 기간이 70년 정도 된다. 이 70년의 시간을 어떻게 보낼지는 우리 자신에게 달려 있다. 우주는 하늘의 해 달 별만이 아니다. 옆에 있는 가족, 친구, 책 속의 수많은 글들이 모두 우주이다. 이 엄청난 것을 경험하려면 70년의 시간은 턱없이 부족하다. 그런 황금 같은 시간을 동력 없는 배처럼 흘러가는 강물에 내맡기는 삶은 무기력하다. 그래서 니체가 말했다. 삶의 목표도 없이 무기력하게 살던 사람이 어떤 한 목표를 잡고 그걸 위해 매진하여 그 목표를 달성하고는 다시 원점으로 돌아가 새로운 목표를 세우고 도전하면서 삶에 활력을 찾아가야 한다고. 이것이 영원회귀다. 대학이 목표인가? 고시 합격이 목표인가? 삼성 입사가 목표인가? 그렇다면 그 목표를 향해 도전하라. 그렇게 도전하여 합격한 다음, 입사한 다음 새로운 목표를 정하고 끊임없이 정진하라. 그렇게 인생을 살고는 외쳐라.

"이것이 생이었더냐 자 그렇다면 다시 한번!"

### 하루 열 줄 이상 글쓰기

## 맹자는 왜 사람들을 착하다고 했을까?

사상과 철학을 비틀어 보는 시간이다. 이번 시간에는 맹자의 성선설이다. 인간은 착하게 태어난다는 주장이다. 인간이 착하게 태어나는지 악하게 태어나는지 우리는 아직 모른다. 그래서 이론이 아니라 설이다. 인간 본성에 관한 학설은 세 가지가 있다. 선하게 태어난다는 성선설, 악하게 태어난다는 성악설, 그냥 백지상태로 태어난다는 성무선악설 이렇게 세 가지이다. 성선설은 맹자, 성악설은 순자, 성무선악설은 고자가 주장하였다. 서양에는 루소가 성선설이고, 홉스는 성악설 그리고 로크가 백지설이다. 그건 그렇다 치고 맹자는 왜 우리를 자꾸 착하다고 이야기할까? 세상엔 착한 사람만큼 악한 사람도 많다. 팔이 안으로 굽는 것처럼 우리는 이타적이라기보다는 이기적이다. 그럼에도 맹자가 우리를 자꾸 착한 쪽으로 몰아가는 데는 이유가 분명히 있을 것이다. 공맹의 철학은 지배층의 이데올로기에 딱 들어맞는다. 효의 확장이 충이다. 충효사상은 지배층 이데올로기로 딱이다. 그렇기에 우리 인간들에게 너희들은 본래 착하게 태어났으니 지배층의 말을 잘 들어야 한다는 것을 세뇌시키고 있는 것이다. 지네들은 온갖 나쁜 짓을 다 하면서 너희들은 착한 개*지이니까 고분고분 살라고 하는 것이다. 맹자의 성선설을 비틀어서 생각해 보았다.

하루 열 줄 이상 글쓰기

## 인기 있는 통치자들 진짜 조심해야 합니다

히틀러, 차베스, 피노체트 모두 선거로 당선된 자들입니다. 그런데 이 자들이 민주주의를 박살냈습니다. 그만큼 군중들에게 인기있는 통치자들 진짜 조심해야 합니다. 왜냐하면 군중들은 맹신자이기 때문입니다. 결국 다수결로 총통이 되든, 대통령이 된 건대 그다음이 문제입니다. 총칼로 정권을 잡은 자들은 그나마 낫습니다. 왜냐하면 자신의 정통성이 아킬레스건이기 때문에 매사에 조심조심 합니다. 그런데 선거에서 이긴 독재자가 진짜 문제입니다. 이 자들은 다수의 표를 얻었다는 정당성으로 자신의 철학을 밀어 부칩니다. 그것이 잘못된 것인지 아닌지 검토도 없이 그냥 밀어 부칩니다. 그것이 문제입니다. 진짜 중요한 건 토론입니다. 결론이 안날지라도 토론이 중요합니다. 그런데 이 독재자들은 그러한 지루한 과정이 자기 입맛에 맞지 않습니다. 그리고 토론을 해봤자 라고 생각합니다. 그냥 전문가들이 정해주는 대로 가는 것이 올바른 길이라고 생각합니다. 그래서 밀어 부칩니다. 급기야 민주주의는 무너집니다. 이게 지금까지 역사 속에서 벌어진 민주주의 파괴 과정입니다. 민주주의란 무엇인가요? 국민이 주인이 되는 것이 민주주의입니다. 한번 예를 들어 볼게요. 가정이 민주주의라면 어떻게 해야 할까요? 아버지의 전횡으로 가정이 이끌려 간다면 이것은 민주주의가 아니지요. 아들도 딸도 자신의 의견을 내고 그것이 타당한지 잘못되었는지 탁자 위에 올려놓고 난상토론을 할 때 그 가정이 민주주의 인거죠. 그런데 아버지 입장에서는 이런 것이 맘에 안듭니다. 왜냐하면 자기가 인생을 살아봤기 때문에 정해진 길이 있다고 생각하는 것이죠. 그러나 이것은 완전 잘못된 방식입니다. 부모가 정해줄수록 자식의 인생길은 꼬입니다. 왜냐하면 자신이 주인이 아니기 때문인 거죠. 민주주의도 마찬가지입니다. 독재자가 정해주는 길은 설령 그 길이 옳다고 하더라도 잘못된 방식입니다. 국민들 스스로 길을 만들어 나가도록 해야 합니다. 그게 민주주의이고 국민이 주인 된 나라입니다. 국민이 주인이면 설령 그 길이 잘못된 방향일지라도 국민이 들고 일어나 바로 잡습니다.

## 어부와 노신사

어느 해변에 노신사가 나타났다. 흰 양복을 입은 노신사는 바다를 음미하다가 나무 그늘 밑에서 한가롭게 잠을 자고 있는 어부를 발견했다. 노신사는 어부에게 다가가 말을 걸었다. "어이 어부 양반! 저 바닷속에는 고기가 엄청 많을 텐데 여기서 이렇게 낮잠이나 자고 있을 때요?" 그러자 어부가 대답했다. "그 많은 고기를 잡아서 뭐 하게요?" 노신사 왈 "아니 그러면 큰 배를 사서 더 많은 고기를 잡을 수 있지 않겠소?" 다시 어부 왈 "더 많은 고기를 잡아서 뭐 하게요?" 노신사 왈 "아니 뭐 하긴 고기를 왕창 잡아서 통조림 공장을 만들어서 돈을 왕창 벌어야지." 그러자 또 어부가 하는 말 "돈을 왕창 벌어서 뭐 하게요?" 화가 난 노신사 왈 "아니 이 양반아. 돈을 왕창 벌어서 여기저기 놀러도 다니고 경치 좋은 해변에 나가 휴양도 즐겨야지." 어부가 빙그레 웃으면 하는 말 "내가 지금 그러고 있지 않소." 노신사는 이내 말이 없었다.

# 원장 선생님들

버스를 타고 시내를 지나가다 보면 온통 임대를 놓는다는 현수막 천지다. ○○길 공실률이 30%가 넘는다. 그야말로 건물주가 극한 직업이 되어 버렸다. 그나마 건물에 들어선 업종은 대부분 두 가지이다. 병원 아니면 학원이다. 둘 다 원장 선생님들이다. 그런데 이 두 선생님들도 다 극한 직업이다. 하루 종일 쭈그리고 앉아 환자를 기다려야 하는 의사 선생님은 돈을 많이 벌어서 그나마 견딜만하지 정말 못해 먹을 직업 중 하나이다. 환자라도 많다면야 돈 버는 재미로 버틴다지만 비싼 기계 리스로 들여놓고 병원을 차렸는데 환자마저 없다면 늘어나는 이자 부담에 미치고 환장할 노릇이다. 그래서 선배 의사들이 후배 의사들에게 충고한다. 평생 약을 복용해야 하는 환자를 만들어라. 그런 환자는 고정 빼기 손님이므로 병원의 고정 수입원이다. 그래서 오늘도 의사는 우리에게 고혈압 처방을 내리고 약을 달고 살게 한다. 다음은 학원 원장 선생님들이다. 요즘 학원은 완전 제로섬 게임식 막가파다. 애들은 줄어드는데 학원은 부지기수로 늘었기 때문이다. 사범대를 나온 예비교사들이 임용고사에 계속 떨어지면 하는 일이 학원 차리기이다. 학원이야 큰돈 안 들이고도 책걸상 몇 개만 있으면 개원이 가능하기 때문이다. 그래도 학생 손님을 어떻게든 붙잡아야 하므로 완전 애들 손목 비틀기이다. 애들을 완전 학원에 의지하게 만드는 교수법을 개발해 쓴다. 요즘에는 학교에서 하는 수행평가도 학원에서 죄다 컨설팅 해 준다. 평생 약을 먹어야 하는 환자를 만드는 병원, 평생 선생님에게 의지하는 습관을 길러 주는 학원, 둘 다 대한민국의 막장 드라마이다.

하루 열 줄 이상 글쓰기

## 대한민국은 민주공화국이다

민주라는 말은 당연히 국민이 주인이라는 것이다. 그러면 공화국이란 무엇인가? 공화국이란 법에 의한 통치를 말한다. 옛날에 군주나 왕들이 횡포를 부려 국민을 못살게 하였으므로 법으로써 이를 제지하는 정치를 공화국이라고 하는 것이다. 이 법을 만드는 사람들은 누구인가? 바로 국회의원들이다. 즉, 국회의원이 해야 할 일은 제대로 된 법을 만들어 국민들이 편안하게 살 수 있도록 하는 것이 그들의 주된 업무인 것이다. 그런데 우리나라 국회의원들이 하는 작태는 예산 따오기이다. 자신의 지역구를 위해 정부 예산을 얼마나 많이 따오느냐로 자신의 치적을 내세운다. 그야말로 우물에 가서 숭늉 찾는 격이다. 예산을 따오면 지역구의 발전을 위해서 좋은가? 전혀 아니올시다 이다. 따온 예산만큼 공사를 벌여야 하기 때문에 지역의 환경이 파괴된다. 심지어 똑바로 내면 되는 도로를 예산을 써야 하니 돌아서 꾸불꾸불 도로를 내는 어처구니없는 현상도 벌어진다. 국회의원이 예산 따오는 치적을 홍보하면 손가락질을 받아야 마땅한 것이다.

하루 열 줄 이상 글쓰기

## 생로병사의 비밀

불교에서는 인생사 모두가 고통이다. 태어나는 생(生)도 고통이요, 늙어 가는 노(老)도 고통이요, 아프고 병들어 가는 병(病)도 고통이요, 죽는 사(死)도 고통이다. 그런데 여기엔 비밀이 숨겨져 있다. 생로병사 중 우리가 어찌하지 못하는 것은 생과 사이다. 태어나고 죽는 것은 하늘에 맡길 뿐이다. 그러나 늙어 가는 것과 병들어 가는 것은 얼마든지 자신의 의지에 따라 늦추거나 피해 갈 수 있다. 첫째, 규칙적인 생활 습관이 노화 방지와 병에 걸릴 확률을 낮추는 것엔 모두 동의할 것이다. 그런데도 우리는 하루하루를 불규칙적으로 대충대충 살아간다. 둘째, 올바른 식습관이 노화 방지와 병에 걸릴 확률을 낮춘다는 것에 모두

동의할 것이다. 그럼에도 우리는 오늘도 정크 푸드를 먹으며 먹다 죽은 귀신은 때깔도 좋다고 스스로 위안 삼는다. 셋째, 긍정적인 마인드가 노화 방지와 병에 걸릴 확률을 낮춘다는 것에 모두 동의할 것이다. 그럼에도 우리는 짜증을 입에 달고 산다. 매사를 부정적인 시각으로만 바라보는 못된 습관을 가지고 있다. 남이 잘되는 꼴을 못 보는 못된 습관을 가지고 있다. 이러한 습관이 결국엔 부메랑이 되어 자기를 망치고 자기 몸을 망친다는 사실을 모르고 우리는 오늘도 잘못된 습관을 달고 산다. 지금 이 순간부터라도 긍정의 아이콘으로 살아가자. 지금 이 순간부터라도 정크 푸드를 멀리하자. 지금 이 순간부터라도 규칙적으로 살아가자.

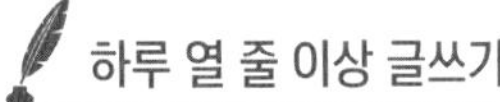


## 소금 한 톨의 값은 얼마일까?

우리 몸에 꼭 필요한 소 두 개가 있다. 산소와 영양소다. 이 두 개의 소를 나르는 것이 혈액이다. 혈액을 잘 돌게 하는 것이 소금이다. 『동의보감』에 짠맥이라고 했다. 짠 것이 맥을 뛰게 한다는 것이다. 그래서 소금이 중요하다. 소금을 먹으면 하품이 난다. 왜냐하면 순간적으로 혈액이 몸속 구석구석까지 가다 보니 세포들이 산소를 달라고 아우성이기 때문이다. 왜 산소 없이 여기까지 왔냐고 투정을 부린다. 그래서 부랴부랴 우리 몸은 하품을 하여 산소를 몸속으로 최대한 집어넣으려고 하는 것이다. 우리 몸 구석구석에서는 지금도 세포분열이 일어나고 있다. 이 세포분열에 필요한 산소와 영양소는 충분히 공급되어야 싱싱한 세포가 만들어지고 노화가 늦추어지는 것이다. 우리 몸에 산소를 최대한 많이 공급하는 방법은 두 가지이다. 하나는 소금을 상시 물고 다니든지 아니면 전원주택에 사는 것이다. 도시는 아무래도 산소가 부족한 편이니 맑은 공기를 마실 수 있는 전원주택에 사는 게 산소 공급에 유리한 건 기본이다. 전원주택 지을 돈이 없다면 소금을 물고 다니면 된다. 그래서 소금 한 톨의 값어치는 1억을 상회한다. 몇 억을 투자하여 전원주택을 지을 수 없다면 오늘부터 소금을 물고 다녀라. 끝.

하루 열 줄 이상 글쓰기

## 큰 도둑과 작은 도둑

장자 우화에 보면 큰 도둑 이야기가 나온다. 우리는 좀도둑을 대비하기 위해 보물을 금고에 넣고 자물쇠로 단단히 채운다. 그런데 어느 날 큰 도둑이 나타나 금고를 통째로 들고 달아난다. 큰 도둑을 잡기 위해 호루라기를 불며 뒤쫓는 포졸들, 달아나는 큰 도둑. 이 상황에서 큰 도둑 뇌리에는 행여나 금고문이 팍 열려 보물이 길바닥에 쏟아지는 불상사가 걱정이다. 그런데 이 큰 도둑의 걱정을 우리가 사전에 예방해 주었다. 금고문에 자물쇠를 단단히 채워 놨으니까. 지난해 서울 반지하 방에서 살다가 창문에 쳐진 쇠창살 때문에 못 빠져나와 죽은 삼 남매 이야기를 보면서 이런 생각을 해 보았다. 삼 남매는 가진 재산도 없는데 왜 그렇게 쇠창살을 치고 살았을까? 물론 그 이전에 살던 세입자가 쳤거나 집주인이 세를 놓기 전에 쳤을 것이다. 그러나 따지고 보면 참 안타까운 사연이다. 좀도둑을 방지하기 위한 쇠창살에 거꾸로 우리가 죽었으니 말이다. 또 지난해 태풍이 왔을 때 포항에서 자동차를 구하러 들어간 사람들이 차오른 물에 못 빠져나와 7명이나 죽었다. 거꾸로 생각해 보면 자동차를 구하기 위해 자기의 목숨을 버린 것이다. 에릭 프롬은 우리에게 묻는다. 소유로 살 것인가? 존재를 살 것인가? 우리에게 중요한 건 소유가 아니다. 지금 이 순간 존재하고 있는 '나'가 중요한 것이다. 소유는 한낱 환상일 뿐이다.

# 잘 사는 것과 바르게 사는 것

잘 사는 것과 바르게 사는 것의 차이는 무엇일까? 일단 잘 사는 것은 행복이 떠오른다. 행복하게 사는 것이 잘 사는 것이다. 바르게 사는 것은 의무감 이런 것이 떠오른다. 힘들지만 뭔가 인간으로서의 도리를 지키면서 사는 것이 바르게 사는 것일 테니까. 윤리와 철학을 공부하다 보면 쾌락주의와 금욕주의가 나온다. 쾌락주의자들이 주장하는 것이 잘 사는 쪽이다. 금욕주의자들이 주장하는 것은 바르게 사는 쪽이다. 이 쾌락주의와 금욕주의는 인간이라는 존재를 어떻게 보느냐에 따라 달라진다. 인간이라는 존재를 동물에 가깝게 본다면 쾌락주의 쪽이고, 인간을 신에 가까운 존재로 본다면 금욕주의이다. 인간을 동물에 가깝게 본다고 해서 나쁜 것은 아니다. 어차피 인간도 기본적인 욕구가 채워지지 않으면 제아무리 고상한 욕구인들 모두 허사일 테니까. 그래서 에피쿠로스는 행복은 욕구분에 충족(행복=충족/욕구)이라고 하였다. 욕구가 채워지지 않으면 행복은 요원한 것이다. 단, 이 욕구를 어떻게 절제하느냐에 따라 그 욕구는 채워질 것이고 그렇다면 우리는 행복해진다. 쾌락주의자이지만 무분별한 쾌락의 추구가 아닌 것이다. 오히려 무분별한 쾌락의 추구는 쾌락의 역설에 빠질 뿐이다. 추구한 그 쾌락 때문에 더 괴로워지는 것이다. 바르게 사는 것을 주장하는 금욕주의자나 잘 사는 것을 주장한 쾌락주의자나 겉으로 보기에는 살아가는 모습이 비슷하다. 그래서 그들이 공통적으로 주장하는 덕목이 검약과 절제인 것이다.

하루 열 줄 이상 글쓰기

## 공평해져 가는 우리들

나이가 들면서 우리는 공평해진다. 빈손으로 왔다가 빈손으로 가는 게 우리네 인생[24]이다. 모든 걸 내려놓고 가는 건 재벌이나 노숙자나 똑같다. 그렇게 우리는 서서히 평준화되어 간다. 첫째는 미모의 평준화이다. 젊은 날 빼어난 미모를 자랑하던 여자들도 50대가 되면 시들시들해진다. 오히려 더 못생겨져 가는 사람도 많다. 반대로 젊은 날 추녀에 속하던 여자들도 50대가 되면 수수한 아름다움으로 바뀐다. 나이가 들면서 서로서로 공평해지는 것이다. 두 번째로 60대가 되면 우리의 지식

이 평준화가 된다. 많이 배운 사람이나 적게 배운 사람이나 세상의 이치에 대하여 아는 바가 비슷하다. 시골의 촌부가 세상을 바꾸는 거대 담론을 논하는 게 현실이다. 도시의 지식인들이 오히려 자식 걱정, 아파트값 걱정 등등 소아적 생각에 빠져 사는지도 모른다. 이렇게 60대가 되면 서로에게 배울 점이 많다는 것이다. 지식의 평준화이다. 세 번째로 70대가 되면 재산의 평준화가 된다. 이른바 재산이 별 필요가 없다는 이야기다. 재산이 있어도 다리가 성하지 못하니 별로 쓸데가 없다. 재산이 많은 사람은 아들딸들에게 물려주느라고 재산이 없어지고 재산이 없는 사람은 아들딸이 기를 쓰고 재산을 모아 잘 살아간다. 이렇게 우리는 재산의 평준화를 이루면서 서서히 죽음에 다가간다. 마지막으로 80대는 생명의 평준화이다. 이제 그 누구라도 죽음을 비켜 갈 순 없다. 지위고하, 재산 유무를 막론하고 죽음 앞에 누구나 공평한 때가 온 것이다. 슬프지만 인생의 진리다. 공수래공수거(空手來 空手去)다.

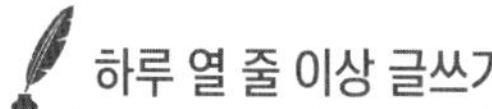

## 부모의 DNA

진로교육만큼 중요한 것이 또 있을까요? 한 번뿐인 인생을 막살고

자 하는 청소년은 없습니다. 그러나 우리 청소년들은 오늘도 방황합니다. 내가 뭘 좋아하는지 나의 적성은 과연 무엇인지 잘 모르거든요. 그래서 선생님이 자주 하시는 이 말 '야 네가 좋아하는 걸 해'를 가장 싫어합니다. 왜냐하면 자기가 뭘 좋아하는지도 모르는데 좋아하는 걸 하면 된다고 너무 편하게 말씀하시니까요. 진로교육은 대학교 학과 선택이 아닙니다. 진로교육은 자기를 알아가는 것에서부터 출발해야 합니다. 내가 누구인지 정확하게 아는 것이 진로교육의 핵심 중의 핵심입니다. 요즘에는 몇몇 심리검사로 자신이 누구인지를 알아가는 데 쓰이고 있습니다. 그러나 MBTI나 애니어그램 같은 심리검사는 그냥 참고 사항일 뿐입니다. 심리검사만으로 오롯이 자기를 발견한다는 것은 무리가 있습니다. 그래서 저는 부모의 DNA를 들고 싶습니다. 엄마 아빠가 가라고 하는 직업이 아니라 엄마 아빠랑 진솔한 대화를 나누면서 엄마 아빠가 인생을 다시 산다면 정말로 이 일을 해 보고 싶다는 것을 자신의 진로 선택에 참고하는 방법입니다. 우리는 엄마와 아빠 중 더 닮은 쪽이 있습니다. 만약 성격이나 취미 등이 엄마랑 닮았다면 엄마랑 이런 저런 이야기를 속 깊게 나누면서 엄마가 인생을 다시 산다면 무슨 일을 해 보고 싶은지를 들어 보고 자신의 진로 선택에 참고하면 좋은 진로 선택의 방법이 될 것입니다.

# 소중한 하루[25)]

카르페 디엠을 아시죠? 현재를 즐겨라 인데요. 그만큼 우리에게는 하루하루가 소중합니다. 그냥 밋밋하게 하루를 보낼 수도 있고, 정말로 의미 있게 하루하루를 보낼 수도 있습니다. 모두 그 하루의 주인공[26)]인 우리가 어떻게 하느냐에 달려있습니다. 다음 내용은 제가 오늘 아침에 생각해 낸 것인데요. 한번 말씀드려 볼게요. 총 여섯 글자인데요. 의식주 지덕체입니다. 우선 하루를 의미 있게 살기 위해 우리는 의(옷)를 잘 입어야 합니다. 사람에게는 옷이 날개입니다. 옷은 품위입니다. 옷을 어떻게 입느냐에 따라서 행동이 달라집니다. 예의가 생겨납니다. 하루를 소중히 보내기 위해 일단 의관을 정제하는 노력이 필요합니다. 그래서 옛날 선비들은 항상 옷매무새를 가지런히 하고 다녔던 것입니다. 그 옷에서 품위와 예의가 묻어 나오니까요. 두 번째는 식입니다. 소위 삼시 세끼라고 하는 것이죠. 한 번 거른 끼니는 다시 돌아오지 않는다는 이야기도 있지요. 밥을 잘 챙겨 먹는 것 또한 하루를 소중히 보내는 방

법 중 하나입니다. 세 번째는 주(집)입니다. 이 주는 청소와 관련이 있습니다. 아파트를 항상 호텔방처럼 깨끗하게 해 놓고 살면 하루하루가 즐거울 것입니다. 집이 깨끗해야 일찍 일찍 집에 들어갑니다. 집을 소중히 가꾸는 일 또한 하루하루를 잘 살기 위한 방법입니다. 의식주 다음은 지덕체입니다. 의식주만으로 하루하루를 소중히 살 수는 없습니다. 우리는 사람이기 때문이죠. 따라서 일단 지력을 쌓아야 합니다. 책을 읽으며 지적 성장을 도모할 때 소중한 하루가 되는 것은 당연합니다. 다음은 덕입니다. 선행을 쌓으며 하루를 살아가는 것입니다. 꼭 큰 선행이 아닐지라도 조그마한 공덕을 쌓는 일은 도처에 널려 있습니다. 이러한 배려의 정신을 실천하는 것 또한 하루를 소중히 사는 방법입니다. 마지막은 체입니다. 체력을 유지해 나가는 것 또한 하루하루를 소중히 사는 데 필수적입니다. '라이프 이스 트레드밀'이라고 사람은 건강과 미용에 신경을 써야 그나마 제자리입니다. 걷기, 계단 오르기, 대중교통 이용하기 등등 자신의 체력을 관리하는 일을 소홀히 하지 말아야 합니다. 의식주 지덕체 이 여섯 가지만 잘 지켜도 하루하루 카르페 디엠이 될 것입니다.

# 돈이라는 인격체

돈이라는 글자에 받침 하나 바꾸면 돌이 된다. 돌은 사방 천지에 널려 있다. 주인도 없다. 물론 값어치 나가는 돌도 있지만 대부분의 돌은 여기저기 굴러다닌다. 채소 좀 심으려면 밭에서 돌을 골라내야 한다. 밥에 들어간 돌은 웬수 중에 웬수다. 그러나 돈은 좀 다르다. 돈도 여기저기 굴러다닌다. 그러나 돈에는 주인이 있다. 아무리 작은 돈이라고 해도 그 돈엔 주인이 있다. 그렇기 때문에 돈의 주인이 된 사람은 돈을 잘 다루어야 한다. 왜냐하면 주인이 난폭하거나 거칠게 돈을 다루면 돈은 주인을 떠난다. 쉽게 들어온 돈은 쉽게 나갈 수도 있다. 왜냐하면 주인이 돈을 쉽게 다루기 때문이다. 언제든지 맘만 먹으면 돈을 쉽게 벌 수 있다고 생각하기 때문에 돈을 손쉽게 쓴다. 주머니가 비었어도 또 채워지겠지라는 마음으로 돈을 헤프게 쓴다. 이런 주인에게 돈이 붙어 있을 리가 만무하다. 자기를 소중하게 다루지 않는 주인에게 붙어 있을 인격체는 거의 없다. 나이 들어 빈털터리가 된 사람들은 라떼 시절 이야기를 많이 한다. 옛날에 내가 젊었을 때는 양쪽 주머니에 빵빵하게 현금을 넣고 다녔다는 둥, 돈이 하도 잘 벌려서 어찌할 바를 몰랐다는 둥 이런 라떼 시절 이야기를 많이 한다. 그 친구는 그 시절에 돈을 그렇게 다루었기 때문에 더 이상 돈이 주인을 찾지 않아 지금은 쫄쫄 굶고 산다. 돈은 돌과 다르게 분명히 생명이 있는 물체이다. 돌은 무생물이지만 돈은 그렇지 않다. 생물학적으로 보면 돈도 돌도 다 무생물이다. 그러나 돈이라는 존재는 분명 인격을 가지고 있는 생명체이다.

하루 열 줄 이상 글쓰기

## 나를 키운 건 8할이 바람이다

살면서 듣게 될까 언젠가는 바람의 노래[27]를. 세월 가면 그때는 알게 될까 꽃이 지는 이유를. 나를 떠난 사람들과 만나게 될 또 다른 사람들. 스쳐 가는 인연과 그리움은 어느 곳으로 가는가. 나의 작은 지혜로는 알 수가 없다. 내가 아는 건 혼자 살아가는 방법뿐이다. 보다 많은 실패와 고뇌에 시간이 비켜 갈 수 없다는 걸 우리는 깨닫는다. 이제 그 해답이 바람이라면 우리는 이 세상 모든 것들을 나 스스로 개척할 수밖에 없는 것이다. 우리는 무엇으로 커 가는가? 위대한 스승도 있고 엄마

아빠의 가르침도 있고 주위에 똑똑한 친구도 있고 정말 나를 키워 주는 많은 사람들이 있지만 진짜 내가 커 가는 것의 8할은 바람이다. 이 이야기는 결국 자기 혼자 스스로 커 가는 것이 진짜 크는 것이란 이야기다. 박주가리 씨앗에는 왜 솜털이 붙어 있을까? 박주가리 씨앗에 솜털이 붙어 있어야 가느다란 바람에도 휘날려 저 멀리 떨어져야 햇볕을 받고 무럭무럭 자라는 법이다. 그래야 엄마 나무 아래 바로 떨어져 엄마 나무 그늘 때문에 못 자라는 일이 없는 것이다. 엄마 독수리는 새끼 독수리가 절벽에서 떨어져 죽을지도 모르지만 절벽에서 새끼 독수리를 민다. 너는 이제 충분히 날 수 있으니 혼자서 훨훨 날아 보라고. 새끼 독수리는 무섭지만 엄마가 밀자 절벽 아래로 고꾸라진다. 이때 새끼 독수리는 죽기 살기로 자기가 가진 날개를 푸드득 하고 편다. 그렇게 편 날개 덕분에 새끼 독수리는 자기에게 날개가 있고 이제 날 수 있다는 사실을 깨닫는다. 죽지 않으려고 허우적대면서 펼친 날개로 공중을 나는 것이다. 이제 새끼 독수리는 자신만의 세상을 경험한다. 이게 우리네 인생이다. 결국 혼자 개척해야 하는 것이 인생인 것이다. 공자도 말했다. 나를 키운 건 8할이 바람이다 라고.

# 영화 명대사로 보는 인생

인생은 계획대로 되는 게 거의 없다. 그래서 무계획이 짱일 수도 있다. 이와 관련된 「기생충」의 명대사가 있다. "가장 완벽한 계획이 뭔지 알아? 무계획이야. 계획을 하면 모든 계획이 다 계획대로 되지 않는 게 인생이거든." 그렇다 계획대로 되지 않는 게 우리네 인생이다. 우리는 살면서 옷깃만 스쳐도 인연이라고 한다. 스쳐 가는 인연을 어떻게 붙잡을 것인가? 영화 「김종욱 찾기」에 이런 명대사가 나온다. "인연[28]을 붙잡아야 운명이 되는 거야." 짱 멋있는 말이다. 영화 「비열한 거리」의 명대사도 주목할 만하다. "세상에서 성공하려면 딱 두 가지만 알면 돼. 나한테 필요한 사람이 누군지. 그 사람이 뭘 필요로 하는지." 오싹한 멘트다.

우리는 살면서 불의를 보면 분노한다. 우리는 왜 데모를 할까? 세상을 바꾸기 위해서 데모를 한다고 생각한다. 그러나 여기 기가 막힌 명대사가 있다. 영화 「도가니」에 나온다. "우리가 싸우는 건 세상을 바꾸기 위해서가 아니라 세상이 우리를 바꾸지 못하게 하기 위해서예요."

맞다. 독재자들이 함부로 못 하게 우리는 오늘도 싸운다. 우리는 인생을 살면서 좌절이 반복되면 슬프다. 영화「내 남자의 로맨스」에는 이런 명대사가 나온다. “원하는 걸 갖지 못하는 삶에 익숙해지면 나중에는 자신이 뭘 원하는지조차 모르게 돼.” 슬픈 현실이다. 그래서 우리는 작은 성공을 자주 만들어야 한다. 그 자그마한 성공이 자존감을 높여 우리를 더 큰 성공으로 인도한다. 커피 마시고 갈래요? 라는 대사를 이영애가 라면 먹을래요? 로 애드립을 쳐 히트한 명대사는 영화「봄날은 간다」[29]에 나온다. 또 있다. “사랑은 변하지 않아 단지 사람의 마음이 변했을 뿐이지. 사랑이 어떻게 변하니?” 상우(유지태 분)가 한 사랑이 어떻게 변하니? 한때 엄청 유행했었다.

영화「생활의 발견」에는 이런 명대사가 나온다. “우리 사람 되는 건 어렵지만 괴물은 되지 맙시다.” 그렇다. 사람 구실을 한다는 게 쉬운 건 아니다. 영화「내 머릿속의 지우개」에는 잔잔한 명대사가 나온다. “용서는 미움에게 방 한 칸만 내주면 되는 거래.” 우리가 나이 90이 되어 죽을 때 사람들은 껄껄껄 하면서 죽는다고 한다. 재미있게 살걸, 베풀면서 살걸. 용서하면서 살걸. 그렇다. 아무튼 용서하는 것은 나를 키우는 것이다. 영화「내 생에 가장 아름다운 일주일」에는 의미 있는 명대사가 나온다. “초라한 옷차림이 창피한 것이 아니라 초라한 생각이 창

---

피한 것이다.” 사람은 내공이 쌓이면 당당해진다. 외유내강이다. 겉치레에 신경 쓴다는 것은 그만큼 속이 비었다는 증거일 수도 있다.

영화「관상」은 이정재 특유의 톤으로 날린 명대사가 나온다. “어찌 내가 왕이 될 상인가?” 영화를 완전 업그레이드시킨 기막힌 명대사다. 영화「올드보이」하면 최민식의 이 명대사가 생각난다. “누구냐 넌?” 오대수(최민식 분)가 자신을 감금한 이우진(유지태 분)과의 첫 통화에서 나온 명대사다. 완전 짱 대사다.「올드보이」는「공동경비구역 JSA」「친절한 금자씨」를 찍은 박찬욱 감독의 2003년 영화다. 영화「신세계」는 살벌하면서도 재미있는 명대사가 나온다. “거 죽기 딱 좋은 날씨네.” “살려는 드릴게.” 시나리오 작가의 내공이 엿보이는 명대사다.

천만 관객을 모은「베테랑」에서는 유아인 특유의 명대사가 나온다. “어이가 없네.” “야~ 우리가 돈이 없지 가오가 없냐?” 유아인 특유의 톤으로 어이가 없네~. 영화「박하사탕」의 명장면이 있다. 국민배우 설경구가 기차 선로에 서서 양팔을 벌리고 “나 돌아갈래!”를 외친다. 시간을 거꾸로 돌려가며 찍은 이창용 감독의 2000년 최고의 영화다. 얼떨결에 천만 관객을 모은 영화「극한직업」에서는 이런 대사가 나온다. “지금까지 이런 맛은 없었다. 이것은 갈비인가 통닭인가.” 영화의 내용을 잘 표현한 명대사이다.

천만 관객이 귀하던 시절 천만 관객을 동원한 영화「실미도」에도 명대사가 있다. 설경구가 미리부터 작전이 틀어진 것을 눈치채고 기관총을 난사하면서 친 대사 “비겁한 변명입니다!” 장동건, 유오성이 주연한 영화 「친구」에는 명대사가 특히 많다. 장동건이 유오성에게 대들며 "내가 니 시다바리가?" 잠깐 하와이에 나가 있으라는 유오성에게 장동건이 "니가 가라 하와이" 진짜 명대사다. 장동건이 죽어 가면서 "고마해라 마이 무따 아이가." 선생님이 유오성 학생에게 "느그 아부지 머하시노?" 유오성 학생 답변 "건달인데예." 선생님 시계를 풀더니 퍽퍽퍽!!! 영화 「친절한 금자씨」에는 우리가 되새길 만한 명대사가 나온다. 이영애가 친 명대사. "너나 잘하세요." 진짜 요즘 우리 사회에 딱 맞는 멘트다. 우리는 각자 자신의 일에 오롯이 최선을 다하면 된다. 괜스레 남의 일에 감 놔라 배 놔라 할 필요 없다. 공자의 정명 정신이 필요한 시대이다.

김혜수의 명대사도 있다. 영화 「타짜」에 나온 명대사. "나 이대 나온 여자야." 남자배우 조승우의 명대사도 있다. "쫄리면 뒈지시던가." 천만 관객 영화 「명량」의 명대사는 한때 엄청 유행했었다. "전하, 신에게는 아직 열두 척의 배가 남아 있사옵니다." 인생도 길고 예술도 길다. 우리에게는 아직 걸어가야 할 인생길이 길다. 마치 남아 있는 열두 척의 배처럼. 영화감독이 꿈이라면 시나리오 10편을 써 보라는 말이 있다. 영화 시나리오를 쓰면서 저런 명대사로 영화의 특징을 단칼에 보여 준 작가들이 대단하다고 느껴진다.

"밥은 먹고 다니냐?" 어디에 나오는 대사일까요?

# 아부지 빵 좀 사 주세요

"아부지 빵 좀 사 주세요."

대학원을 마치고 느지막이 28살에 신병교육대에 입소해 뺑뺑이를 치고 있던 아들이 면회 온 아버지를 PX에서 만나자마자 한 말이다. 아버지 손에는 정훈장교 합격증이 들려 있었다. 파란만장했던 나의 군 생활은 그렇게 시작되었다. 대학원을 마칠 즈음 군대 문제가 걱정되었다. 군대는 원래 대학교 1학년이나 2학년을 마치고 다녀오는 게 좋다. 멋모르는 시절 또래들과 함께 뒹굴며 지내다 보면 군대 문제가 해결되는 것이다. 그러나 나는 공부한다는 핑계로 군대를 미루었다. 대학교 마치고 군대를 가는 것으로 미루었다. 그리고는 대학교를 마치고도 곧바로 군대를 가지 않고 대학원엘 진학했다. 군대는 차일피일 미루어지게 되었다.

대학원을 다니면서도 장교로 근무하고 싶어 공군 장교에 두 번이나 지원했지만 모두 낙방했다. 대학원 재학을 이유로 군대를 연기하면서 석사학위 논문을 2년 반 만에 마치자 이제는 더 이상 군대를 연기할 핑계를 찾을 수가 없었다. 석사학위는 1987년 8월에 받고 차일피일 시간은 흘러가고 있었다. 병무청에는 논문을 쓰는 중이라는 핑계로 연기신청을 내놓고 학사장교 시험을 보았다. 아마 1987년 10월경에 경북

영천에서 시험을 보았던 것 같다. 그때는 운동하고는 담을 쌓고 살았던 시절이었으므로, 그리고 1학기 때까지 논문을 쓰느라고 연구실에서 라면으로 끼니를 때우며 살았던 시절이므로 체력이 엉망이었다. 체력검정 오래달리기에서 꼴찌를 했다. 그러자 심사관들이 집으로 가라고 했다. 혼자 터덜터덜 걸어 나와 버스를 타고 집으로 왔다.

하~ 이제 군대는 완전 졸병으로 가야 하는구나. 그러면서 독서실에서 하루하루 보내고 있다가 정훈장교 선발시험이 있다는 걸 알았다. 정훈장교는 석사학위 취득자만 지원이 가능하니 8월에 따 놓은 석사학위가 효자 노릇을 했다. 11월 말경에 서울 모 중학교 운동장에서 체력검정이 있었다. 턱걸이, 오래달리기 등등. 기를 쓰고 체력 검정을 통과했다. 2단계 논술 시험과 3단계 면접 시험을 보고 독서실로 돌아와 합격 소식만을 기다리고 있었다. 그렇게 스산한 겨울이 지나고 있었다.

그러던 중 일이 터지고 말았다. 군대 영장이 나온 것이다. 그날은 입춘도 지나고 대통령 선거도 지나고 3월 초였던 것 같다. 대학원 때 같이 공부했던 친구가 영장을 가지고 독서실로 나를 찾아왔다. 내일 당장 의정부 306 보충대로 입소를 해야 한다고 하면서 영장을 내밀었다. 아! 이제 진짜로 군대를 가야 하는구나. 그날 저녁 우리는 당장 트럭을 불러 독서실에 있던 내 짐을 시골로 부쳤다. 그리고 이장댁으로 전화를 해서 엄마를 바꾸어 달라고 했다. 그 당시는 전화가 마을 이장댁에 한 대밖에 없어서 전화를 하면 마이크로 누구 어머니 전화가 왔습니다 전화받으세요 라고 방송을 하면 어머니가 헐레벌떡 뛰어 내려와 전화를 받곤 하던 시절이었다. 그렇게 어머니한테 내일 군대를 가야 하니 짐을 트럭으로 부쳤다고 말씀드렸다. 아무튼 군대 잘 다녀오겠습니다 라고 하였다.

그리고는 제천에서 교사를 하고 있는 여자 친구에게 전화를 걸었다. 나 내일 군대 갈거야 라고. 아무튼 황당하지만 그렇게 전화로 군대 갔다 오겠다는 소식을 전할 수밖에 없었다. 거리에서[30] 공중전화로 그렇게 이별 전화를 했다. 여자친구는 나중에 그런 사람 또 없습니다[31] 라는 노래처럼 인생의 동반자가 되었다. 그렇게 대충 주변을 정리한 후 친구랑 소주 한 잔[32]을 기울이며 어차피 대한민국 남자는 누구나 군대를 가야 하는 것이라고 호기를 부리며 연거푸 술잔을 들이켰다. 다음날 의정부로 가기 위해 고속버스 터미널엘 갔는데 거기에 엄마와 큰엄마가 마중을 나오셨다. 그런데 엄마와 큰엄마는 의정부까지 함께 가겠다고 했다. 한사코 거절했지만 끝까지 따라오셨다. 306 보충대 연병장에 수많은 장정들이 가족들과 함께 웅성웅성거리고 있었다. 우리도 그 인파 속에서 별 이야기 없이 시간은 흘러가는데 방송이 나왔다.

"장정들은 이제 가족과 헤어지고 연병장 가운데로 모이시기 바랍니다." 나는 엄마랑 큰엄마한테 "다녀올게요."라고 하고 연병장 가운데로 뛰어갔다. 뛰어가면서 뒤돌아보지 않았다. 그놈에 눈물이 나올지도

모르니까 뒤돌아보지 않았다. 그렇게 둘째 동생뻘 되는 애들과의 군대 생활은 시작되었다. 일단 우리는 306 보충대에서 약 3일간 대기를 해야 한다. 소위 자대 배치를 위해 대기하는 기간인 것이다. 나는 이때까지 머리를 깎지 않은 채 입소를 했다. 왜냐하면 병무청에서 일단 정훈장교 시험을 봐 놓은 상태니까 306 보충대에 입소를 먼저하고 오후에 회의를 해서 퇴소를 할 수도 있으니 그냥 보충대로 가 있으라고 했던 것이었다. 오후가 되어서 병무청에서 연락이 왔다.

내 기대와는 다르게 안타깝게도 일단 군대로 입소를 하라는 결정이었다. 병무청의 입장이야 내가 정훈장교 시험을 봐 놓은 건 알지만 합격이 될지 불합격이 될지 모르니 일단 입소를 하라는 결정이었다. 나는 곧바로 이발소로 압송되었다. 그리고는 거기서 완전 빡빡머리로 바리깡 당했다. 머리를 빡빡 밀고 내무반으로 들어오자 동기들이 히죽히죽 웃었다. 그렇게 3일 후 나는 양평 20사단으로 배치를 받았다. 그 당시 306 보충대에 퍼진 말이 버스를 타면 전방이고 열차를 타면 후방이라고 했다. 우리는 다행인지 불행인지 열차를 타게 되었다. 열차를 타고 양평으로 내려올 때까지만 해도 평온함 그 자체였다. 우리는 열차 안에서 새우깡이랑 오징어 땅콩을 사 먹으며 즐겁게 양평역에 도착했다.

그러나 양평역에 내리자마자 저승사자들이 떡 버티고 서 있었다. 따블백을 멘 병아리들이 하나둘 양평역 광장에 모이자 저승사자들이 완전 새까만 모자를 눈이 안 보이게 눌러쓰고는 20사단에 오신 걸 환영한다고 했나 뭐라 했나 아무튼 뭐라 뭐라 하더니 화장실 갈 사람 나오라고 했다. 나도 손을 들고 화장실엘 갔다. 그런데 내 옆 칸에서 오줌을 누던 병아리 신병에게 조교가 구둣발로 차면서 오줌을 그렇게 오래 누면 어떡합니까? 오줌을 지립니다 막 이랬다. 우리는 쫄아서 오줌 누다 말고 다시 역 광장으로 모였다. 그날은 비가 와서 버스를 타고 신병교육대로 향했다. 조교들이 말하기를 원래는 오리걸음으로 신병교육대까지 가는 건데 비가 와서 다행인지 알라고 했다. 그렇게 신병교육대에서의 훈련병 생활이 시작되었다.

신병교육대에서의 하루하루는 그야말로 훈련의 연속이었다. 제식훈련, 총검술 훈련, 태권도 훈련 등등. 애들이 하나둘씩 병아리에서 장정이 되어 갔다. 씩씩한 군인이 되어 갔다. 태권도 할 때 다리를 적게 벌리면 조교들이 여기저기 다니면서 다리 더 벌리라고 하면서 구둣발로 신병들 군화를 바깥쪽으로 차 버렸다. 그렇게 우리는 다리를 벌리고 태권도 하는 모습이 점점 더 멋있어져 갔다. 6주 후에 부모님들을 모시고 우리가 그동안 갈고닦은 훈련 모습을 선보일 거라고 했다. 우리는 이름 대신 번호로 불렸다. 조교가 야 24번 이러면 예! 24번! 김재훈! 이렇게 대답하도록 길들여졌다. 그런데 내가 한 번 이걸 생략했다가 벌을 뼈가 으스러지도록 받았다. 조교 중에는 나이 많은 나를 생각해서 조용히 야 24번 네가 훈련대장 할 생각 없냐? 라고 조용히 물어봤다. 나는 그냥 예! 24번! 김재훈! 생각 없습니다! 이렇게 대답해야 하는데 아닙니다 생각 없습니다 라고 작게 말했다가 옆 조교한테 걸려서 한 시간 동안 침상과 침상 사이에 걸쳐서 엎드려뻗치는 벌을 받았다. 땀도 엄청 흘리고 눈물도 흘렸다. 땀이 하도 많이 나서 눈물을 흘려도 창피하지 않았다. 표시가 잘 안 나니까. 군대를 피를 흘리러 갔는데 땀과 눈물만 흘리고 있었다. 사실 인간을 인간답게 하는 액체 세 가지가 있다. 바로 피땀눈물이다. 우리가 피를 흘려야 할 때 피를 흘리지 않으면 다른 나라의 노예로 살 수밖에 없다. 땀을 흘려야 할 때 땀을 흘리지 않으면 평생 가난에서 벗어나지 못한다. 인간으로서 눈물을 흘려야 할 때 눈물을 흘리지 않으면 동물과 다름없다. 내용은 좀 다르지만 BTS 노래에도 피 땀 눈물[33]이 있다. 그런데 어느 날 BTS 앞 글자가 영어 피 땀 눈물의 앞 글자를 딴 것과 일치하는 것을 발견하고는 소스라치게 놀란 적이 있다. 아무튼.

한번은 급식소에서 식판에 밥을 담아서 먹고는 각자 씻는 방식의 식사 시간인데 우리는 식사를 마치고 식판 씻는 곳 뒤에 보면 조그만 숲이 있어서 거기 가서 몰래몰래 담배를 피우곤 했다. 신병교육대 시절 담배는 금물이었다. 동기 서너 명과 함께 담배를 피우고 있는데 조교가 갑자기 나타나서 우리는 꼼짝없이 걸렸다. 그런데 여기서 조교가 너 너 너 지목하더니 아이들을 데려갔다. 그런데 너 너 너 하는데 나는 빼고 헤아렸다. 조교가 나를 봐준 것이었다. 그날 저녁 담배 피우다 걸려 온 아이들 세 명은 평생 피울 담배를 아이들 앞에서 다 피웠다. 담배

를 입안 가득 피워 물고는 눈물을 흘리면서 담배를 피워 댔다. 나를 의도적으로 빼 준 조교한테 고마웠다. 그 조교는 나중에 알고 봤더니 학사장교 시험에 붙었는데 합격통지서를 관리하지 못해 합격이 취소되고 졸병으로 군대를 온 것이다. 대문에 배달된 합격통지서를 엄마가 쓰레기통에 버린 것이었다.

눈물 젖은 빵을 먹어 보지 못한 사람은 인생을 논할 수 없다는 말이 있다. 남자들은 군대 가서 그 경험을 많이 한다. 비록 설정상 눈물을 철철 흘리면서 빵을 먹는 것은 아니지만 워낙 한창때인지라 배고픔을 달래기 위해 빵 한 조각, 피자 한 조각이 그리운 것이다. 요즘이야 군대가 달라져서 이런 배고픔이 없겠지만 우리 때만 해도 급식소에서 먹는 밥과 깍두기 그리고 된장국이 먹는 것의 전부인 시절이니 배가 고픈 건 사실이었다. 신병교육대 시절 건빵을 나누어 주었는데 이를 호주머니에 몇 개 저장해 두었다가 잠자리에서 입에 넣고 소리 안 나게 먹었던 기억이 있다. 조용히 취침에 들어간 고요한 적막 속에서 건빵 먹기는 고난도 스킬이 필요하다. 건빵을 입에 넣고 조용히 녹기를 기다려 소리 없이 먹어야 한다.

그날도 연병장에서 태권도 훈련을 받고 있던 날이었다. 저 언덕 위에 선임하사가 우리를 훈련시키는 조교에게 큰 소리를 질러 댔다. 야! 김조교! 거기 훈련병 중에 김재훈 있나 찾아봐. 예? 누구라고요? 김재훈 김재훈! 그러자 조교가 우리를 보고 야 여기 김재훈 누구냐 하고 물었다. 내가 손을 들고 앞으로 나가자 선임하사가 이리 오라고 손짓을 했다. 그리고는 PX로 나를 데려갔다. PX에 가니 아버지가 앉아 계셨다.

정훈장교 합격증을 들고 오신 것이었다.

정훈장교에 합격되자 나는 훈련에서 열외 되었다. 내무반에서 하루 종일 빈둥거리며 사단의 명령이 떨어지기만을 바라고 있었다. 내가 정훈장교가 되었다는 사실에 조교들은 나를 극진까지는 아닐지라도 좋게 대해 주었다. 어느 날 밤에는 신병들이 모두 잠든 사이에 나를 누군가가 툭툭 치면서 깨웠다. 그리고는 따라오라고 했다. 조교를 따라가니 어느 방으로 안내되었고 거기에는 매운탕과 1리터짜리 소주 병이 놓여져 있었다. 이른바 김재훈 송별식을 조교들이 해 준 것이었다. 눈물 나게 고마운 소주를 곱부로 마셨다. 한 시간 이상 마셨던 것 같다. 그날 학사장교에 떨어진 조교의 이야기도 그 술자리에서 들었다. 그렇게 엄청 취해서 내 자리로 조용히 돌아와 자고 이튿날 일어나 이불을 개는데 옆자리 동기가 어디서 술 냄새가 많이 난다고 하였다. 조교 중에는 낮에 내가 내무반에 혼자 앉아 있으면 찾아와서 진로상담을 청하기도 하였다. 그렇게 약 일주일 대기하다가 나는 따블백을 메고 사회로 나왔다. 사회로 나와 약 일주일 후에 정훈장교 훈련을 위해 영천에 입소를 해야 했다. 한마디로 일주일간 꿈과 같은 휴가를 얻은 셈이다. 이제 또 다른 훈련이 나를 기다리고 있었다. 지금이야 잊혀진 계절[34)]처럼 담담하게 글을 쓰지만 그 시절 나는 인생의 격변기를 지나고 있었다.

---

# 하루 열 줄 이상 글쓰기

요즘 아이들은 쓰기를 힘들어한다. 쓰기 교육이 되지 않아서 그럴 수도 있지만 디지털 시대에 남이 쓴 글을 읽기만 한 결과이기도 하고, 유튜브 등 각종 동영상만을 접하다 보니 쓰기와는 아예 멀어져 있다. 매일매일 반복되는 일과라도 일기를 쓴다면 그나마 쓰기 능력이 좋아졌을 텐데 요즘에는 일기 쓰기 지도도 거의 없다. 디지털 시대에 웬 쓰기 교육일까? 그러나 쓰기는 정말 중요하다. 글을 쓰다 보면 생각이 정리가 안 될 수가 없다. 말을 할 때는 이 말 저 말 횡설수설할 수도 있지만 쓰기는 그렇지 않다. 나름대로의 논리성을 가지지 않을 수 없다. 그러다 보면 사고가 정확해진다. 오늘부터 무조건 열 줄 이상 글쓰기를 실천해 보자. 아무 주제나 상관없다. 길을 가다가도, 업무를 보다가도, 친구랑 대화를 하다가도 어떤 주제가 떠오르면 핸드폰에 제목을 메모해 놓자. 그런 다음 친구가 가고 난 후, 업무가 끝나고 잠시 짬이 나면, 또는 길을 가다가 벤치에 앉아서 그 주제로 열 줄을 쓰는 것이다. 지금도 이 주제로 막 썼더니 훌륭한 열 줄 글이 되었다.

# 글을 시작하는 방법

글을 손쉽게 쓰는 방법은 글의 시작을 잘하면 술술 풀린다. 시작부터 꼬이면 논리도 내용도 엉망이 되어 나중에는 엉킨 실타래처럼 이상한 글이 되기 십상이다. 글을 어떻게 시작하면 좋은지 몇 가지 사례를 생각해 본다. 첫째는 예화나 에피소드로 시작하는 것이다. 독자들이 익히 들었을 만한 시사적인 자료나 에피소드 등을 예시로 들면서 시작한다. 최근 ○○이 화두이다… 이런 식으로 최근 사람들의 관심사를 꺼내며 글을 시작하면 독자들의 환기를 끌 수 있다. 둘째는 속담이나 격언 등 우리가 익히 알고 있는 짧은 글들을 인용해 시작하는 방법이 있다. "너 자신을 알라" 소크라테스의 말이다. 이 말이 가지는 진짜 의미는… 이런 식으로 전개해 나가는 방법이다. 셋째는 정의를 내리면서 시작하는 방법이 있다. 교육의 핵심은 관계 맺기에 있다. 학생과 교사, 학생과 학생, 학생과 교과 간의 관계를 어떻게 형성하느냐가 교육의 핵심이다. … 이런 식이다. 넷째는 자신의 경험담을 이야기하며 시작하는 방법이다. 나는 언제부턴가 ○○을 하는 버릇이 있다. … 다섯째는 질문으로 시작하는 글쓰기 방법이다. 정의란 무엇인가? 과연 우리 사회에 정의란 존재하는 것일까? … 이런 식으로 핵심에 대한 질문을 하면서 글을 시작하는 방법이다. 시작이 반이란 말이 있다. 글쓰기는 시작을 잘하면 반은 쓴 것이다. 그리고 그 글이 가지는 인상은 첫 시작에 달려 있다.

하루 열 줄 이상 글쓰기

## 글씨 잘 쓰는 법

글씨를 잘 쓰는 것은 경쟁력이다. 요즘 아이들은 글씨를 잘 못 쓴다. 스마트폰 세대이다 보니 글씨 쓸 일이 별로 없기 때문일 것이다. 글씨 연습은 어렸을 때부터 해야 하는데 그 시기를 놓치고 나니 글씨체가 엉망이 된 것이다. 글씨를 잘 쓰기 위해 다음 다섯 가지 만이라도 잘 지킨다면 당신의 글씨는 정상으로 돌아갈 것이다. 첫째, 동그라미는 얼굴이다. 글씨의 인상을 결정짓는 것이 동그라미다. 따라서 동그라미를 크게 그려야 글씨가 산다. 두 번째는 세로 선이다. 글씨에서 세로 선은 기둥에 해당한다. 기둥이 똑바로 서야 집이 완성되는 것처럼 글씨에서 기둥을 곧게 써야 글씨가 반듯해진다. 세 번째는 가로 선이다. 가로 선을 힘차게 길게 긋는다. 그래야 글씨가 시원시원하다. 네 번째는 곡선 처리이다. 초성의 기역이나 니은자를 쓸 때 모서리를 약간 둥글게 처리해야 글씨의 맵시가 난다. 마지막은 아래 위에 위치한 자음이다. 이 자음들의 간격을 일정하게 해야 글씨의 형태가 균형을 잡게 된다. 이렇게 글씨를 쓸 때 위에서 말한 다섯 가지를 지키면서 쓰는 연습을 조금씩 하면 어느새 당신은 명필이 되어 있을 것이다.

하루 열 줄 이상 글쓰기

## 자식 두 명

첫째와 둘째 중 어느 자식에게 정이 더 가던가요? 열 손가락 깨물어 안 아픈 손가락이 없는 법이겠지만, 결혼하고 처음 태어난 첫째 자식을 키울 때와 둘째 자식을 키울 때의 열정에는 차이가 납니다. 첫째는 모든 것이 역사입니다. 엎어지고 앉고 서고 걷고 모두가 천재가 하는 행동 같습니다. 그때마다 사진도 엄청 찍습니다. 말을 하기 시작하면 어떤가요? 부모들은 완전 황홀경에 빠집니다. 우리 집에 하버드 갈 인재가 태어났다고 엄청 기뻐합니다. 그렇게 시간이 흐르고 둘째가 태어납니다. 둘째도 엎어지고 앉고 서고 걷고 차례대로 다 합니다. 그러나 엄마 아빠는 첫째 때만큼 신기해하지 않습니다. 둘째가 자기를 바라봐 달라고 말을 해도 그냥 그러려니 합니다. 첫째 때는 필름이 모자랄 정도로 사진을 찍다가 둘째 때는 사진도 별로 안 찍습니다. 둘째가 나중에 커서 엄마 아빠에게 묻습니다. 형 사진은 엄청 많은데 왜 내 사진은 없냐고요. 그러면 엄마 아빠는 괜히 핸드폰을 만지며 변명거리를 생각합니다. 둘째에게 미안한 거지요.

저에게도 두 명의 자식이 있습니다. 두 권의 책을 세상에 내놓았습니다. 첫째는『대한민국 교사로 산다는 것』이고 둘째는『세상을 바꾸는 대한민국 교육이야기』입니다. 첫째가 태어날 때 저는 잠을 못 이뤘습니다. 첫째가 임신했을 때(출판사에서 계약하자고 연락이 왔을 때) 엄청 기뻐했습니다. 드디어 나도 이제 인세라는 걸 받는 작가 반열에 든다고 엄청 좋아했습니다. 출판사와 계약을 맺으면서 잘하면 억대 부자가 될 수도 있다는 생각에 잠을 못 이뤘습니다. 대한민국에 교사가 40만인데 그중 네 명 중 한 명이 내 책을 사 본다면 10만 권이 팔리고 10만 권의 인세면 수억을 버는 상상을 했습니다. 14,000원짜리 책에 10%의 인세를 받기로 계약했으니 1400원 곱하기 10만 권이면 얼마인가요? 자그마치 1억 4천입니다. 와우! 그렇게 첫째가 태어나고 나는 세상을 다 얻은 듯 기뻤습니다. 여기저기 자랑도 엄청 했습니다. 매일매일 일어나면 인터넷 판매 지수를 확인하는 일이 일과가 되었습니다. 이런 상태가 한 1년은 간 것 같습니다. 그러나 현실은 차가웠습니다. 생각만큼 세상의 반향은 크지 않았습니다. 그나마 내 책은 많이 팔린 편이었습니다. 현재 3쇄까지 찍고 있으니 나름대로 성공한 첫 번째 자식입니다. 그렇게 5년 후에 두 번째 자식을 낳았습니다. 두 번째 자식을 임신

했을 때 그저 무덤덤했습니다. 태어났을 때도 기쁘긴 했지만 첫째 때 만큼은 아니었습니다. 출산의 기쁨이 첫째 때 1년 갔다면 둘째 때는 1달 지나니까 사그라들었습니다. 그런데 가만 생각해 보면 첫째보다 둘째가 돈을 더 많이 벌어 준 것 같습니다. 첫째로 현재까지 벌어들인 인세는 약 500만 원 정도입니다. 둘째로 현재까지 벌어들인 인세는 약 200만 원입니다. 그런데 이 둘째를 임신하고 출산하기까지 바쁘다는 이유로 주식 투자를 못했습니다. 그 당시 1억 원짜리 마이너스 통장으로 주식을 했었는데 다 처분하고 책 출판에만 매달렸습니다. 아마 책을 안 만들고 주식을 계속했다면 반 토막이 난 건 확실합니다. 왜냐하면 그 해 주식이 거의 다 폭락을 했거든요. 거꾸로 생각하면 둘째 놈 때문에 5천만 원을 벌고 있는 셈입니다. 그리고 또 있습니다. 글쓰기 특강 강사가 되었다는 것입니다. 책을 두 권 만들고 나니까 자신감이 생겨서 글쓰기 특강을 홍보하게 되었고 지금까지 총 10번 이상 특강을 했습니다. 강사료로 번 돈도 300만 원이 넘네요. 아무튼 그렇게 저는 두 명의 자식을 낳았고 이번에 세 번째 자식을 세상에 내놓습니다.

## 내 인생의 전성기는 언제였을까?

우리가 죽기 바로 직전 눈을 감고 자신의 인생을 되돌아볼 때 언제 어느 시기가 생각이 날까? 지금 당장 눈을 감고 지난 시절을 돌이켜 보았다. 네 군데가 생각이 났다. 하나는 대학원 시절 김치 없는 라면을 연구실에서 끓여 먹으며 밤새워 공부하던 시절이었다. 그다음은 신규로 발령을 받고 아이들과 함께 뒹굴던 그 해가 생각이 났다. 그다음은 교사로서 근무한 지 중반 정도에 후배들에게 학급경영 강의를 하고 나서 그해 고3 담임을 하던 때가 생각이 났다. 마지막으로는 3수 만에 입성한 청원고등학교에서 근무한 때이다. 이 네 군데는 공통점이 있다. 나 자신의 자발성이 최대한으로 발휘되던 시기였던 것이다. 오롯이 공부만을 또는 오롯이 아이들만을 생각하며 하루하루를 보내던 시절이었다. 그런데 신기한 걸 발견했다. 나는 지금까지 책을 총 5권 출간했다. 앞에 세 권은 대입진학서 1권 윤리 참고서 2권이다. 세 권 모두 자비 출판인데 윤리 참고서의 경우 1000권을 학생들에게 기부하기도 했다. 그다음 책으로는 2017년『대한민국 교사로 산다는 것』과 2022년『세상을 바꾸는 대한민국 교육이야기』로 인세를 받으면서 출판한 책이다. 내 인생을 되돌아보면서 이 책을 출간한 시절이 생각이 안 났다. 아마도 내가 이 책을 출판하면서 나를 내세우려는 공명심이 많았던 것 같았다. 그래서 생각이 안 난 것이다. 아이들을 위하는 순간이 내 삶의 존재의 이유[35]였던 것이다.

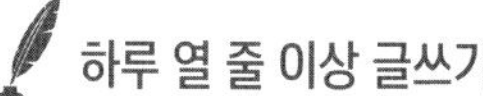

## 죽는 날까지 현재진행형

나는 2023년 3월 1일 자로 한국교원대 연구교수에 임용되었다. 그러면 나는 어떠한 과정을 거쳐서 연구교수가 되었는가? 지나온 세월을 되짚어 본다. 이 글을 쓰는 이유는 인생의 후배들에게 그 어떤 메시지를 주기 위함이다. 『평균의 종말』이라는 책을 보면 과학자로서 성공하는 길은 수없이 많다고 하였다. 누구는 그야말로 엘리트 코스를 밟으면서 과학자가 되지만 누구는 돌고 돌아서 과학자로 성공하는 경우도 많다고 하였다. 그만큼 사람에 따라 성공의 맥락이 다르다는 것을 강조하는 것이다. 성공에 평균의 길은 없다는 것이다. 나의 경우도 보면 돌고 돌아서 연구교수라는 직책에 오를 수 있었다고 생각된다. 우

선 박사학위가 있어야 연구교수가 되는 것인데 박사학위도 어렵게 어렵게 취득했다. 우선 박사과정 입학부터 쉽지 않은 길이었다. 전국에서 한 명 뽑는 한국교원대학교 교육정책전문대학원에 원서를 넣는 추천서를 받는 일도 쉽지 않았다. 교육감 전결사항이기 때문에 교육감이 안 보내 주면 못 가는 것이었다. 어렵사리 추천서를 받아 원서를 냈지만 입학시험에서 합격을 해야 박사과정에 입학할 수 있었다. 입학시험에서는 영어 면접시험이 있었다. 영어 문장을 주고 그 내용에 대하여 교수들과 토론하는 문제였다. 5분 동안 복도에서 영어 지문을 읽는데 도저히 무슨 이야기인지 감이 잡히지 않았다. 그래서 심호흡을 하고 다시 한번 읽어 보니 서서히 안개가 걷히면서 내용이 눈에 들어왔다. 교육의 지방분권에 대한 내용이었다. 큰 흐름을 잡으니 면접장에 들어가 교수들과 자신 있게 토론하면서 면접을 마쳤다. 그렇게 하여 전생에 나라를 구해야 간다는 박사과정 3년 파견이라는 합격증을 거머쥘 수 있었다. 3년간 월급을 받으면서 공부한다는 것은 아무에게나 주어지는 특권이 아니다. 지독히도 운이 좋아야 찾아오는 행운이다. 나에게 그런 행운이 찾아온 것이다. 자유로운 캠퍼스에서 공부하는 3년의 자유시간이 주어졌다. 빡빡한 학교생활을 벗어나 자유로움을 만끽하며 하루하루 공부를 했다. 그러나 공부는 공부다. 학기가 지날수록 서서히 박사학위에 대한 압박감이 조여 왔다. 박사학위도 박사학위이지만 그 학위논문을 제출하기 위해 두 가지 관문을 통과해야 한다. 하나는 자격시험이다. 전공과 영어로 이루어진 자격시험은 그럭저럭 통과했다. 그러나 문제는 학술지 논문 통과이다. 이게 통과되어야 박사학위 논문 제출 자격이 주어진다. 학술지 논문을 계속 투고했지만 번번이 낙방했다. 일곱 번을 떨어지고 나서 여덟 번째 투고를 한 후 결과를 기다리는 기간에 히말라야를 다녀왔다. 히말라야의 대자연 앞에 나 자신의 초라함을 느끼면서 많은 것을 깨닫고 돌아왔다. 히말라야를 갔다 왔다는 가슴 벅참을 안고 집에 와서 메일을 확인해 보니 학술지 논문이 통과되었다는 소식을 접하게 되었다. 기막힌 우연의 일치이기도 했다. 히말라야를 다녀오니 학술지 논문이 통과되었던 것이다. 7전 8기 성공이다. 이제 박사논문이 문제였다. 사실 내 박사학위 논문은 대학입학 전형 중 학생부 종합전형을 비판하는 논문이었다. 그런데 그 당시 분위기는 학생부 종합전형을 극도로 찬양하는 분위기였다. 그런데 2018년 3월에 학종에 대한 비판론이 일더니 정시확대 이야기도 나왔다. 그러면서 내 논문이 비빌 언덕이 생겼다. 그래서 자신 있게 써 내려갔고 최종 프레젠테이션에서도 심사위원 교수들에게 자신 있게 발표할 수 있었다. 발표장의 분위기는 모두들 공감한다는 분위기였다. 그렇게 최종 PT를 마쳤지만 마지막 심사위원들의 심사가 기다리고 있었다. 사실 나도 내 논문의 허점을 잘 알지만 심사위원들은 내 논문의 허점을 더 잘 알았다. 1차, 2차 심사를 거치며 최대한 심사위원들의 의견을 참조하면서 수정에 수정을 거듭해 나아갔다. 그래도 미진한 점 투성이였다. 마지막 3차 심사를 하면서 탈락의 위험도 있었지만 최소한의 커트라인으로 심사를 통과했다. 그렇게 2018년 8월 박사학위를 받았다. 그때 내 나이가 56세였다. 이 나이에 박사학위가 왜 필요할까 이런 생각이 들기도 할 것이다. 그러나 어렵게 들어온 박사과정이기 때문에 마침표를 찍는다는 의미에서 박사학위를 딴 것이다. 이 학위를 어디에 어떻게 써먹을 것이라는 생각은 하나도 하지 않았다. 나는 다시 교단으로 돌아가 아이들을 가르치는 데 최선을 다했다. 그렇게 4년이 흐르고 명예퇴직을 신청했다. 잔여기간이 1년 남았지만 박수 칠 때 떠나라는 말처럼 최선을 다하고 퇴직을 했다. 그런데 한국교원대에서 연락이 온 것이다. 2023년 2월 28일 자로 명퇴를 하시니 3월 1일 자로 교원대 연구교수로 와 달라는 부탁이었다. 고등학교 때 꿈 중 하나가 대학교수가 되는 것이었다. 그런 대학교수를 인생 말년에 하게 되었다. 어떻게 되었든 박사학위가 있었기 때문에 제의가 온 것이고 그 기회를 잡게 된 것이다.

소는 칠흑 같은 어둠을 견디기 위해

밤새 되새김질을 한다

지난해 가을 우리는 주말만 되면 매일매일 교외에 있는 카페에 자주 갔습니다. 카페 가서 차도 마시면서 매일매일 열 줄 이상 글쓰기를 했습니다. 그때 아내가 찍어 준 사진이네요.

원래 저는 낭만을 잘 모르는 성격이었었는데 공교롭게도 지난해 가을에는 도시 교외에 있는 카페를 죄다 가 볼 정도로 카페를 자주 갔고 거기서 저는 한결같이 글을 썼습니다. 그러다가 아내가 갑자기 병세가 악화되어 올봄 하얀 목련[36]이 필 때쯤 저세상으로 갔습니다. 그 엄청난 충격 속에 사경을 헤매다가 아직까지도 그 절망 속에서 그 절망의 질곡 속에서 빠져나오지 못하고 있습니다. 이제 그만 어렵게 추스르고 아내와 함께 다니며 그 카페에서 썼던 수많은 글들을 모아 이렇게 한 권의

---

책으로 만들었습니다. 이 책을 하늘나라로 간 사랑하는 아내에게 바칩니다.

내 영혼의 히로인[37]인 내 하나의 사람은 가고[38]

# 미용실에서 읽는 철학책



초판 1쇄 발행 2024년 1월 11일

지은이 김재훈
펴낸이 김재훈
편집 좋은땅 편집팀
펴낸곳 형설의 공
주소 충북 청주 청원구 주성로118번길 28
전화 010-4740-7319
이메일 kjhkjh88@hanmail.net

ISBN 979-11-979689-2-1 (03100)

- 가격은 뒤표지에 있습니다.